무법의 시간

무법의 시간

지은이   권경애

2021년 7월 6일 초판 1쇄 발행

책임편집   김창한
기획편집   선완규 김창한 윤혜인
디자인   형태와내용사이

펴낸곳   천년의상상
등록   2012년 2월 14일 제2020-000078호
전화   031-8004-0272
이메일   imagine1000@naver.com
블로그   blog.naver.com/imagine1000

ISBN   979-11-90413-26-8 03300

어쩌다 우리가 꿈꿨던 세상이 이 지경이 되었나?

무법의 시간

권경애 지음

"조국의 시간은 무법의 시간이었다"

천년의상상

승자의 거짓 기록이
역사가 되게 할 수는 없다

법치를 요구하는 것이 정치가 되는 세상, 어쩌다 그 한복판에 서게 되었다. 문재인 정부와 검찰개혁의 성공을 간절히 기원했었다. 그러나 조국사태로 극심한 혼란을 겪으며 의구심과 배신감을 지나 공포와 분노 그리고 환멸에 이르게 됐다. 그 시간들 속에서 끊임없이 자문했던 의문들이 차곡차곡 쌓여 응축된 내 안의 해답을 응시하고, 길어 올려 펼쳐 보이는 일은 힘이 들었다.

글 시작은 내부자의 폭로성 성격이 짙다. 초고 앞부분을 먼저 본 딸아이는 '이렇게까지 구체적으로 써야 하느냐'고 물었다. '무섭다'고도 했다. 나도 실명을 드러내는 대목마다 이 글을 쓰는 이유를 반복해 자문하며 내 안의 갈등과 나약함과 싸워야 했다. 이 책이 내게 줄 가장 큰 불이익은 내밀한 공적 의논을 함께 할 수 없는 사람이라는 불신의 낙인일 것이다. 몇 날 또는 몇 달을 한 줄도 더 이어가지 못하는 불안한 나날을 보내기도 했다. 그래도 써야 했다. 2020년 8월 말, 검찰개혁에 이어 사법개혁 관련 법안이 발의되자, 기필코 책을 써 내리라고 결심했다.

독재의 풍경: 내가 처음 잡은 이 책의 가제다. 도대체 왜 이런 일들이 벌어지고 있는지, 내가 이해하는 바대로 그 실상과 본질을 알리고 싶었다. 합법을 가장해 독재정권의 길로 접어든 이 정권에 대한 공적 분노가 내가 받을 불이익과 이 글에 등장해 비난과 비판의 표적이 될 사람들에 대한 인간적 미안함을 압도했다. 『조국의 시간』이 발간되자 2019년 서초동이 재연되었고, 나는 모든 나태함과 갈등과 불안함을 떨쳐버리고 책의 마무리에 속도를 냈다.

승자의 거짓 기록이 역사가 되게 할 수 없었다. 그게 내가 아니었다면 편했겠지만, 어느 누군가는 사실들을 충실히 기록해 두어야 한다.

처음부터 끝까지 한치도 흔들리지 않고 나를 믿어주고 독려를 아끼지 않았던 '천년의상상' 선완규 대표님과 김창한 편집장님이 아니었다면 이 책은 나오기 힘들었을 것이다. 깊이 감사드린다. 늘 든든한 응원군인 딸애와 냥이 보리도 고맙다. 원고를 봐주시고 미처 살피지 못한 오류를 지적해 주신 김수민 시사평론가, 책을 먼저 읽어주시고 재밌다고 격려해 주신 진중권 선생님에게도 감사드린다.

　이 책의 집필 중에 박준영 변호사가 대검 진상조사단 자료를 제공해 〈한국일보〉와 SBS가 대검 진상조사단 활동에 대한 일종의 백서를 시리즈 기사로 연재했다. 박준영 변호사와는 일면식도 없다. 그래도, '한때는 지인이었던 사람들이 입게 될 타격과 자신이 잃게 될 사회적 신뢰와 곡해와 비난들', 그리고 '공익적 효용'을 저울 양쪽에 무수히 올렸을 박 변호사의 숱한 갈등과 번민이 손에 잡힐듯했다. 박 변호사의 용기와 두 언론사의 책임감 강한 기자들은 세상의 통념과 싸우고 부딪쳐 균열을 냈다. 덕분에 이 책은 한결 수월하게 진척되었고 풍부해졌다.

『어떻게 민주주의는 무너지는가』와 『파시즘—열정과 광기의 정치 혁명』은 이 책을 쓸 동기를 부여했고 처음부터 끝까지 지침서가 되었다. 스티븐 레비츠키와 대니얼 지블랫, 로버트 O. 팩스턴, 이들 석학들께 전해지기 어려울 감사의 마음을 적어둔다.

이 책은 그 어떤 영화나 소설보다도 드라마틱했던 기간의 기록이다. 모두가 지나온 익숙한 사실들에 대한 생경한 해석이 이 사회에 수용될 수 있을지, 그 수용의 넓이와 깊이, 비난의 폭과 강도 모두 가늠하기 어렵다. 감당하기 위해 마음을 여민다.

2021. 6. 27.
권경애

차례

제1부 광풍 속으로

1장. 궤도에 오른 검찰개혁

2장. 청와대 민정수석실

3장. 사모펀드 하는 사회주의자

제2부 빠시즘, 파시즘

제3부 법치의 붕괴

이광철 행정관은 민정수석실이 담당하는 기관을
'ㄱ'자 기관이라고 했다. 'ㄱ'자 기관들은 권력기관인
국정원, 검찰, 경찰, 기무사, 감사원 등이라고 했다.
문재인 정부가 국정 제1과제로 삼은
'권력기관 개혁' 대상이 되는 기관들이다.

제1부

광풍 속으로

1장

궤도에 오른
검찰개혁

개혁의
돛이 오르다

2019년 4월 30일, 오후 재판을 마치고 모두 퇴근한 텅 빈 사무실로 돌아왔다. 쌓인 일을 시작하기 전에 습관대로 SNS를 열어 그날의 주요 기사를 확인했다. 내 페이스북 뉴스피드는 승리의 희열로 넘쳤다. 검경수사권 조정법안과 공수처법안, 공직선거법 개정안을 국회의 신속처리안건으로 상정하는 안이 통과된 것이다. 진보진영의 지난 20년 숙원이었던 검찰개혁과 고위공직자범죄수사처의 발족이 실현될 날이 눈앞에 다가왔다.

그 전 며칠 동안 국회는 난장판이었다. 나경원 원내대표와 황교안 대표가 이끄는 자유한국당(현 국민의힘)은 상임위원회 회의장과 국회 의안과를 점거하며 위 법안들의 의안 접수와 상정을 육탄으로 저지했다. 급기야 자유한국당 나경원 원내대표는 4월 26일 새벽 3시경 국회 의안과 앞에서 열린 긴급 의원총회에 노루발못뽑이(일명 '빠루')까지 들고나왔다. 의총 사회를 본 김정재 의원은 "(원내)대표께서 들고나온 이 빠루는 어제 7층 의안과의 문을 부수기 위해 민주당인지 경호과인지 정확지는 않지만 (그들로부터) 저희가 뺏은 겁니다"라고 설명했지만, 나경원 원내대표는 이 사진 하나로 그동안 쌓아 올린 이미지를 단번에 잃었다. 법조인 출신의 고급스러운 엘리트 정치인이라는 이미지를 유지해온 자유한국당 나경원 원내대표와 황교안 당대표는 "반독재투쟁"을 선포했다. 그러나 '공수처법은 야당탄압법'이라는, 과녁을 잘못 설정한 구호로는 이미 강하게 형성된 검찰개혁 찬성 여론을 뒤바꿀 수 없었다.

오히려 학우들이 죽음으로 독재에 항거하던 엄혹한 학창시절에 한 번도 시위에 합류해본적 없어 보이는 나경원 원내대표와 황교안 대표의 때늦은 "반독재투쟁"은 여당 지지자들의 분노와 조롱을 샀다. 자유한국당이 의안과를 점거하기 며칠 전부터 이미 청와대 청원게시판에는 자유한국당 해산을 바라는 청원이 시작됐다. '장외집회를 일삼고 국회를 폭력으로 물들이며, 정부가 추진하는 개혁을 방해하는 자유한국당을 해산시켜 달라'는 청와대 국민청원 참여인원은 시작 일주일 만에 100만 명을 넘겼다.

　그즈음 일이 몰렸던 터라 자정을 넘겨서야 퇴근하는 지친 일상 속에서도 나 역시 "반독재투쟁은 아무나 하는 줄 아나 본데, 그거 목숨 걸어야 가능한 거다. 죽어도 아깝지 않은 숭고한 명분이 없으면 그거 안 되는 거라고. 니들 그거 못해. 숭고는커녕 명분 자체가 없지 않니?"라는 페이스북 포스팅을 올리며 자유한국당을 한껏 비웃어주었다. 헌법재판소의 통합진보당 해산 결정을 강하게 비판했고, 청와대 청원이라는 전근대적인 형식도 탐탁하지 않았지만, 탄핵된 박근혜 정권의 잔재를 몰아내는 촛불집회에 참여하는 심정으로 처음으로 청원에 서명도 하면서 신속처리안건 상정안의 통과를 기다렸다.

　이제 드디어 신속처리안건 처리 최장 기간 330일이 지나면 진보진영의 오래 묵은 숙원인 검찰개혁과 선거제개혁이 실현된다. 검경수사권 조정안인 형사소송법과 검찰청법의 개정안, 공수처법 및 공직선거법 개정안은 국회법 제85조의 2에 따라 신속처리안건으로 지정된 후 330일이 지나면 상임위원회나 법제사법위원회 심사를 거치지 않고도 자동으로 국회 본회의에 상정된다. 우여곡절을 겪겠으나 자유한국당을 제외한 4당이 합의했으니 통과될 것이었다.

　국회 입법예고 사이트를 뒤져 형사소송법 개정안과 검찰청법 개정안 및 공수처법을 내려받아서 법조문을 살펴보기 시작했다. 당장 직업상 필요했던 것은 아니었다. 페이스북 친구 대부분이 환호했지만, 전문가들이 부정적인 의견을 피력하고 있었다. 법조문을 정확히 알아야 반대자들의 반대 이유를 논리적으로 이길 수 있고 정부의 검찰개혁을 도울 수 있을 터였다. 문재인 정부의 검찰개혁을 열렬히 지지하는 대부분 사람들이 절대 잊지 못하는 노무현 대통령의 '전국 검사들과의 대화'를 나 역시 또렷이 기억하고 있었다. 그때 나는 서울지방검찰청에서 검사시보 생활을 하고 있었다.

그날부터 며칠간 틈나는 대로 하루에도 몇 개씩 페이스북에 글을 올려, 상정된 검경수사권 조정안의 의미를 해설하고 적극 옹호했다. 조응천 의원이나 금태섭 의원 등 더불어민주당 의원들의 의견에 대해서도 반박 글을 올렸다.

금태섭 의원은 검찰의 수사권을 모두 경찰에 이관하면 자연스럽게 검찰개혁이 이루어진다고 주장했다. 그의 주장은 조금 안이해 보였다. 업무 일선에서 경찰과 검찰을 비교할 기회가 많은 변호사들은 기소권과 수사권을 모두 가진 2,500여 명의 검찰 권력만큼이나, 통제받지 않고 수사권을 독점하는 11만 명의 경찰 권력도 위험하기는 마찬가지라고 생각했다. 나는 검찰에게 특수수사권을 유보한 것은 경찰의 준비 부족을 고려한 현실적 타산과 검찰의 반발을 무마하기 위한 정치적 타협이고 동시에 경찰에 대한 견제라고 생각했다. 금태섭 의원은 공수처 설치를 강력히 반대했다. 공수처는 정권의 주문에 따라 수사할 위험이 높다고 했다. 나는 검찰을 외부에서 통제할 기관으로서의 공수처 설치를 찬성했지만, 공수처에 대한 견제장치가 필요하다고 보았다. 조응천 의원은 경찰에 수사종결권을 넘기고 검찰의 수사지휘권을 폐지하기 전에 비대한 경찰 권력을 통제할 견제장치를 먼저 마련해야 인권 보호에 만전을 기할 수 있다고 주장했다. 조응천 의원의 주장에 공감했지만, 나는 검사의 보완수사요청권이나 재수사요청권 등의 보충적, 이차적 수사권으로 보완할 수 있다고 반박했다.

나중에 이광철 민정수석실 선임행정관은 내 페이스북 글들을 조국 민정수석이 민정수석실 회의 자료로 사용했다고 말해주었다. 경찰청 수사정책위원회 위원들도 카카오톡 단체대화방에서 내 글들을 공유해서 회람하고 있었다. 나는 의도치 않게 곧 닥쳐올 한 번도 경험해보지 못한 사태의 정중앙으로 휩쓸려 들어가고 있었다.

내부의
반대자들

2019년 5월 8일 오후 7시경, 조국 민정수석으로부터 페이스북 메신저로 연락이 왔다.

"권력기관 개혁 관련한 저의 구상과 계획을 꿰뚫어 보신 글을 접하고 한편으로 놀라고 한편으로 감사했습니다. 민변, 참여연대 등 진보 측에서 부족하다고 공격하고 있는 상황인지라...^^;;"

"언론에서 인터뷰 또는 기고 요청 들어오면 거절하지 말아주시길!"

조국사태 이후 이런 종류의 메시지나 요청을 받고 언론이나 인터뷰에 응해 정부와 집권여당 및 조국 가족을 옹호하는 지식인들을 '청부 지식인'이라고 부르기도 했지만, 돌아가는 판을 제대로 파악하지 못했던 당시의 내게 그 메시지는 단순한 도움 요청으로 읽혔다.

노무현 대통령의 참여정부 시절부터 검찰개혁을 주장했던 참여연대나 민주사회를위한변호사모임(민변) 및 형사법 전공 교수들이 구상했던 검찰개혁안을 단순하게 요약하자면 '검찰에게는 기소권, 경찰에게는 수사권'을 부여하는 것이었다. 검찰의 권한 남용은 수사권과 기소권 독점에서 비롯된다는 시각이다. 그러나 11만여 명의 거대 조직인 경찰이 검찰 등의 외부 견제와 통제 없이 수사권 대부분을 넘겨받고 수사종결권까지 보유하면 경찰의 권한 남용은 필연적이었다. 시민들과 접촉면이 더 넓은 거대한 경찰 조직의 권한 남용과 인권 침해는 검찰 그 이상으로 염려스러운 일이었다. 따라서 '검찰에게는 기소권, 경찰에게는 수사권'이라는 검경수사권 조정안 주장은 선제적 또는 동시적인 '경찰개혁'과 '검찰의 경찰에 대한 수사지휘권'을 전제조건으로 삼았다.

그러나 신속처리안건으로 상정된 검찰개혁안은 형사법 학계나 진보시민단체가 주장해온 검경수사권 분배와 그 구조가 아주 달랐다. 검찰에게 폭넓은 특수수사권을 남겨둔 반면 검찰의 경찰에 대한 수사지휘권을 사실상 폐지한 것이다.[1] 검찰은 부패범죄, 경제범죄, 공직자범죄, 선거범죄 등 6대 중대범죄를 직접 수사(특수수사)할 수 있다. 경찰은 검찰의 수사지휘를 받지 않고 수사하고 불기소결정도 할 수 있다. 기존에 검찰에 전속했던 수사종결권 중에서 불기소결정권을 경찰에 넘긴 것이다. 이제 검찰은 경찰의 수사단계에 개입해서 수사지휘를 할 수 없다. 검찰

---

1 검찰청법 제4조(검사의 직무) 일부 개정 2020. 12. 8. [법률 제17566호, 시행 2020. 12. 8.]

① 검사는 공익의 대표자로서 다음 각호의 직무와 권한이 있다. 〈개정 2020.2.4〉

1. 범죄 수사, 공소의 제기 및 그 유지에 필요한 사항. 다만, 검사가 수사를 개시할 수 있는 범죄의 범위는 다음 각 목과 같다.

    가. 부패범죄, 경제범죄, 공직자범죄, 선거범죄, 방위사업범죄, 대형참사 등 대통령령으로 정하는 중요 범죄

    나. 경찰공무원이 범한 범죄

    다. 가목·나목의 범죄 및 사법경찰관이 송치한 범죄와 관련하여 인지한 각 해당 범죄와 직접 관련성이 있는 범죄

2. 범죄 수사에 관한 특별사법경찰관리 지휘·감독

3. 법원에 대한 법령의 정당한 적용 청구

4. 재판 집행 지휘·감독

5. 국가를 당사자 또는 참가인으로 하는 소송과 행정소송 수행 또는 그 수행에 관한 지휘·감독

6. 다른 법령에 따라 그 권한에 속하는 사항

은 경찰의 불기소결정에 대해 고소·고발인 등 이해관계인이 이의를 제기하는 경우와 경찰이 기소의견으로 송치해서 넘긴 사건에 한해서 수사할 수 있게 되었다. 검찰이 경찰의 수사단계에서 사건을 가져가(송치하게 하여) 직접수사할 수 있는 것은 경찰의 수사권 남용이나 인권 침해, 법령위반의 경우에만 가능하게 되었다. 이런 검경수사권 조정 취지는 검찰이 기소와 불기소를 결정하는 기소독점주의와 기소편의주의를 개혁해서 검찰의 권한 일부를 경찰에게 분배시키자는 것이다. 검찰의 무소불위 권력을 축소하는 것이 검찰개혁의 목표였다.

더불어민주당에서 명시적인 반대의견을 제시한 의원들은 공교롭게도 검사 출신이었다. 검사 출신 조응천 의원과 금태섭 의원의 경험에 기반한 논리적 반박은 "검찰과 한통속"이라는 당원들의 폭포수 같은 비난에 막혔다. 수많은 더불어민주당 지지자들은 "배신자"를 응징하고자 조응천 의원과 금태섭 의원의 페이스북에 몰려가 거친 욕설과 함께 탈당을 요구했다. 금태섭 의원은 나중에 '욕설 문자만 2만 통을 받은 적이 있다'고 밝히기도 했다. 합리적인 토론이 불가능했고, 토론의 기회조차 주어지지 않았다. 이해찬 당대표는 일찌감치 금태섭 의원을 국회 사법개혁특별위원회에서 빠지도록 했다.

뜻밖의
응원군

검찰개혁안을 통과시켜야 하는 민정수석실과 집권여당의 입장에서는 조응천 의원과 금태섭 의원보다 더욱 조율하기 까다로운 상대는 방송과 신문지면을 통해 여론을 주도하는 진보진영 측 오피니언들이었다. 검찰개혁 과제 실현의 든든한 우군이었던 민변과 참여연대 등 진보진영 측 시민단체와 법학 교수들은 검경수사권 조정안에 만족하지 않았다. 진보진영이 검찰개혁을 주장해왔던 기존 논리대로라면 검찰의 '특수수사권 유지'와 '경찰에 대한 수사지휘권 폐지' 양 측면 모두 비판점이었다. 그러나 진보진영 측에서는 검찰에게 남겨진 특수수사권만을 집중적으로 비판했다. 경찰청 수사정책위원회 위원으로 활동하던 참여연대의 서보학 경희대 법학전문대학원 교수나 검사 생활 1년을 채우지 못하고 퇴사한 이연주 변호사, 민변 출신 변호사 몇몇은 검찰을 '사악한 집단'이라고 부르기를 주저하지 않았다. 그들은 검찰의 수사권 완전 박탈과 경찰에 대한 수사지휘권 폐지를 즉시 달성할 검찰개혁 과제라고 주장했다.

박찬운 한양대 법학전문대학원 교수는 자신의 페이스북에 '차라리 검찰은 경찰에게 수사권을 전부 이관하는 대신 검찰의 경찰에 대한 수사지휘권을 요구하라'는 취지로 글을 올렸다. 경찰청 수사정책위원회 위원이었던 박찬운 교수는 집권당의 검찰개혁안을 비판하는 대신 검찰을 공격했다. 학자적 일관성을 고수하는 외형 속에 자신의 정치적 타협을 가린 것이다. 박찬운 교수는 2020년 1월 14일에 국가인권위원회 위원으로 위촉되었다. 국가인권위원회에 조국에 대한 검찰의 인권 침해를 조사해 달라는 은우근 광주대 교수의 진정이 접수된 직후였다.

청와대는 2020년 1월 13일에 '국가인권위가 조국 장관과 가족 수사과정에서 빚어진 무차별 인권 침해를 조사할 것을 청원합니다'라는 청원 참여 인원이 답변 요건 20만 명에 이르자 대통령비서실장 명의로 국가인권위에 공문을 송부했다. 청와대가 조국수호에 앞장서는 모양새에 비판 여론이 일었고, 국가인권위도 청와대의 진정인 자격을 문제 삼아 이를 반송했다. 그러자

곧바로 조국수호에 앞장섰던 교수 중 은우근 교수가 직접 인권 위에 진정서를 냈던 것이다.

홍성수 숙명여대 법학부 교수는 비교적 중립적인 목소리를 내오던 젊은 학자였다. "검경수사권 조정보다 경찰 통제가 선차적 문제이며 전제조건"이고 "지금과 같은 수사권 조정안을 통과시키려면 경찰 권한에 대한 각종 통제방안이 반드시 패키지로 들어가야 한다"고 지적했을 뿐만 아니라, 검찰에게 특수수사권을 광범위하게 부여한 점도 강하게 비판했다.

신속처리안건을 비판하던 진보진영 인사나 단체들도 8월 이후 조국 일가 수사가 시작되자 모두가 일체 함구했지만, 문재인 정부 검찰개혁의 가장 든든한 우군이던 진보진영 측 인사들이 검경수사권 조정안과 공수처법이 통과된 직후에 보인 퉁명스러운 반응은 청와대를 당황하게 했다.

여론은 검찰이 특수수사권을 포기하지 않으려 한다고 검찰을 비난했지만, 정작 검찰이 검경수사권 조정안에 반발한 주된 원인은 특수수사권 축소가 아니었다. 검찰의 경찰에 대한 수사지휘권 폐지가 핵심이었다. 경찰도 검찰이 수사지휘권 폐지를 문제 삼는 것은 경찰 조직을 검찰의 손발로 묶어두고 기득권을 유지하기 위한 것이고 검찰개혁에 대한 저항이라고 몰아세웠다.

나중에 내 사무실로 찾아온 이광철 민정수석실 선임행정관은 검찰이 중대범죄를 직접수사할 수 있는 특수수사권을 남겨둔 것은 문재인 대통령의 강력한 뜻이라고 말했다. 이광철 행정관은 이것이 문재인 대통령의 뜻이라는 사실은 외부에 알려지지 않아야 할 '오프 더 레코드'라며 주의를 덧붙였다. 문재인 대통령의 뜻을 관철시켜야 하는 민정수석실로서는 검찰개혁의 든든한 우군이던 진보진영 인사들의 비판이 난감하지 않을 수 없었다.

이러한 상황에서 페이스북에서 혼자 열심히 정부여당 측의 검경수사권 조정안과 공수처법의 설계도를 친절히 설명하고 반대 논리를 조목조목 논박하고 있는 나는 그들에게 때마침 나타난 뜻밖의 쓸모 있는 응원군이었던 것이다.

검찰과
경찰

검찰은 검경수사권 조정안 입안 과정에서 철저히 배제되었
다. 이광철 행정관도 청와대 민정수석실에서 만나던 날 내게 검
찰은 입안 과정에서 철저히 배제했다고 했다. 검찰의 입장은 뒤
늦게 확인할 수 있었다. 신속처리안건 상정이 통과되던 때에 외
유 중이던 문무일 검찰총장은 안건 상정 후 보름이나 지난 5월
16일에서야 기자들 앞에 섰다. 문무일 총장은 "정부안이 나올
때까지 사실상 검찰 의견을 안 듣는 방식으로 (논의가) 진행된
것은 다들 아는 것이다. 정부안이 나온 뒤로 저희 의견을 수차
례 제기했고, 국회에서 논의가 시작되면 저희가 참여해서 논의
하기로 했다. 그러나 논의가 중단된 상태에서 갑자기 패스트트

랙에 올라갔다. 이제야 말씀드릴 수밖에 없는 상황"이라고 먼저 밝혔다.

문무일 총장의 우려는 검찰의 경찰에 대한 수사지휘권 폐지에 맞춰졌다. 문 총장은 "현재 사개특위(사법개혁특별위원회)에 오른 정부안(또는 여야 합의안)은 (경찰의 수사권에 대한 견제장치 없는) 전권적 권능을 확대하는 것이다. 검찰이 (기존에) 전권적 권능을 갖고 일했으니, 경찰도 통제받지 않고 전권적 권능을 검찰 통제를 빼고 행사할 수 있게 하는 것"이라고 했다.[2] 문무일 총장은 특수부 축소 폐지 개혁을 추진해 왔다. 이미 전국 43곳의 특별수사 조직을 폐지하고 대검찰청에 인권부도 설치했다. 오히려 서울중앙지검 특수1부와 3부가 전담하고 있던 이른바 '적폐수사'에 특수4부까지 투입해서 검찰의 특수수사권을 확대한 것은 청와대와 조국 민정수석이었다.

문무일 총장은 공수처 설치의 필요성을 인정했다. 문무일 총장이 공수처 설치 필요성을 인정한 논거는 명확하지 않은데, "공수처를 반대하지 않는다고 한 것은 기소독점의 문제다. 수사에 착수한 사람이 기소까지 독점하는 것은 국민이 용납하기 어렵지 않은가"라는 발언에 비추어 볼 때, 검찰은 자신들과 공수

2 「문무일⋯부랴부랴 '검찰개혁안' 제시, 2가지 '분리' 대원칙 강조」,〈중앙뉴스〉(2019.05.16.) 기사 등 참조.

처가 부패수사권을 병행적으로 갖는다고 판단한 듯하다.

윤석열 총장도 2019년 7월 9일 인사청문회에서 '수사와 기소는 유기적으로 연결된 기능'이라는 점을 강조했다. 수사와 기소의 유기적 연결을 강조한 것은 경찰과 검찰의 수사는 기소와 공판유지의 전 단계이므로 검찰이 기소와 공판유지를 위해 수사지휘권을 가져야 한다는 입장으로 해석할 수 있다. 이날 인사청문회에서 금태섭 당시 더불어민주당 의원이 "문무일 총장 시절 대검이 직접수사를 지양하기 위해 조세, 마약 부분 떼어내 수사청을 만들 연구를 했다. 법무부도 내부 TF에서 직접수사 줄이는 방안이나 마약청과 조세범죄수사청 독립하는 것을 검토하는 것으로 알고 있다"고 사전 설명을 한 후 "검찰의 직접수사 기능을 점차적으로 떼어내 수사청을 만들어서 수사권과 기소권을 분리시키는 방안에 대해 어떻게 생각하느냐"고 묻자, 윤석열 총장 후보자는 "매우 바람직한 방향이라 생각한다"고 했다. 윤 총장은 "직접수사 문제는 경찰, 검찰, 공수처 누가 하는 게 중요한 게 아니다. 국가 전체 반부패 대응역량이 강화된다면 꼭 검찰이 해야 되는 것은 아니다"라는 것이다.[3]

반부패수사 총량이 줄지 않는다면 검찰이 직접수사를 하지

---

3 「윤석열이 수사·기소 분리 찬성? 조국 공유 영상, 사실과 달랐다」, 〈조선일보〉 (2021.02.28.)

않아도 된다는 말은 공수처가 검찰의 반부패수사 역량을 대체하는 것이라면 바람직하지 않다는 뜻이기도 했다. 문무일 총장 시절 검토했던 마약청과 조세범죄수사청 독립은 검찰의 특수수사권을 분산시키는 것이다. 마약청과 조세범죄수사청은 수사권과 기소권을 모두 갖고 있기에, 중대범죄수사청(중수청)과는 다르다. 2021년 2월에 김용민 의원 등이 발의한 '중대범죄수사청 설치법'에 따르면, 중수청은 수사만 하고, 검찰을 폐지하고 만든다는 공소청이 기소권을 갖는다.

문재인 정부는 검찰의 경찰에 대한 수사지휘권을 지켜줄 생각이 없었고, 공수처가 관할하는 고위공직자 비리수사권을 검찰과 공유하게 할 생각도 없었다. 문재인 정부는 자신들이 원하는 검찰개혁을 위해 경찰을 동맹군으로 삼았다.

경찰의 숙원은 검찰의 지휘에서 벗어나는 것이었다. 경찰은 70년 만에 검찰의 지휘 없이 독자적으로 수사를 하고 불기소결정으로 사건을 종결할 수 있는 권한도 갖게 되는 획기적인 변화에 들떠 있었다. 경찰은 청와대와 긴밀히 협조하면서 경찰 내부 비리나 부실수사의 악재가 터져 경찰 권력확대를 반대하는 여론이 생기지 않도록 신중히 처신하려고 주의를 기울였다. 그러나 경찰 권력의 대전환을 그르칠 사건에 봉착했다.

'롤로 토마시'는
누구?

    강남경찰서와 클럽 버닝썬의 유착 의혹이 2018년 말에 제기되어 수사가 진행되고 있었다. 그룹 빅뱅의 승리(본명 이승현)가 운영하던 클럽 버닝썬에서 성매매와 마약 범죄 및 불법 촬영이 범해졌는데, 강남경찰서가 이를 묵인했다는 의혹이 불거졌던 것이다. 설상가상 검찰개혁안을 패스트트랙에 태우기 직전인 2019년 3월 13일, 가수 승리와 정준영 등이 참여한 카카오톡 단체대화방에서 "'경찰총장'이 우리를 봐주고 있다"는 대화 내용이 폭로됐다. 경찰과 연예계와 유흥업소의 검은 유착 관계에 대한 단서가 포착되자 의혹은 걷잡을 수 없이 증폭됐다. 〈한겨레〉는 "경찰이 입수한 정 씨의 카카오톡 대화 내용 중에는 2016년

7월께 ㄱ 씨가 '옆 업소가 자신의 업소를 신고했는데 경찰총장한테 이야기했더니 별문제 없을 것이라고 했다'라는 취지의 대화가 포함됐다. 다만 경찰 수장의 공식 명칭은 '경찰청장'이기 때문에 이 대화가 실제 경찰 고위직이 편의를 봐준 것을 의미하는지, 거짓인지 등은 확인이 필요하다"고 보도했다.[4]

민갑룡 경찰청장이 의혹 보도 직후 긴급 기자간담회를 열었다. "경찰 고위층까지 연루된 것 아니냐는 의혹이 제기되고 있기 때문에 그에 대해서 또 추호의 의심의 여지가 없도록 철저히 수사하겠다"고 약속했다.

네티즌들은 마치 영화 「LA컨피덴셜」에서 법의 경계를 넘나드는 범죄자인 경찰서장을 찾는 단서였던 '롤로 토마시'를 기필코 찾아내겠다는 듯이 정보를 뒤지고 취합했다. 네티즌들은 단 며칠 만에 "경찰'총'장"이 윤규근 총경이라는 사실을 찾아냈다. 윤규근 총경이 2015년 강남경찰서 생활안전과장으로 근무하다가 2017년 7월부터 청와대 민정수석실에 파견되어 1년 동안 근무하며 검경수사권 조정 관련 업무도 담당했고, 2018년 8월부터는 복귀해 서울경찰청의 인사담당관으로 재직 중이라는 사실도 밝혀냈다. 2010년 7월 강남경찰서 형사 이용준 사건도 소환

---

4 「'버닝썬' 일파만파…승리·정준영 단톡방에 "'경찰총장'이 뒤봐준다"」, 〈한겨레〉(2019.03.13.)

됐다. 강남 유흥업소 비리를 수사하던 중 실종되었다가 충북의 한 저수지에서 변사체로 떠오른 이용준 형사사건과 강남경찰서 근무 경력이 있는 윤규근 총경이 청와대에 근무한 사실을 연결시키며 네티즌들의 상상력은 극한까지 치달았다.

버닝썬 카톡 대화방의 대화가 공개된 다음 날인 2019년 3월 14일, 날이 밝자 사람들은 숨 가쁘게 움직였다. 민갑룡 경찰청 장은 국회 행정안전위원회 전체회의에 출석했다. 야당은 버닝 썬 사건을 집중적으로 질의했지만, 더불어민주당 의원들은 6년 전 김학의 사건을 다시 수면 위로 끌어올리기 위해 전력을 다했 다.

민갑룡 경찰청장은 〈TV조선〉이 김학의 별장 성접대 의혹을 보도한 지 6년이나 지난 3월 14일 국회에서 "2013년 당시 경찰이 김 전 차관의 성접대 사실을 눈으로 확인할 수 있을 정도의 명확한 동영상을 추가 확보했고 이를 검찰에 넘겼다"고 답변 했다. 민갑룡 경찰청장이 침착하게 활을 당겨 쏜 화살은 허공을 가르고 과녁 정중앙을 관통했다.

사람들의 검찰에 대한 불신은 분노로 바뀌었다. 그간의 의심이 정당하다고 확인받은 사람들의 뇌리에 '경찰이 제대로 수사해서 스폰서 검사를 검찰에 넘겨도 검찰은 검사를 절대 기소하지 않는다, 검사는 처벌받지 않는다, 경찰은 검사의 수사지휘권에서 벗어나서 독립적으로 수사할 수 있어야 한다, 검사를 처벌하려면 반드시 공수처를 설치해야 한다'는 생각이 각인됐다. 김학의 같은 추악한 성범죄자이자 스폰서 검사조차 처벌하지 않고 덮은 검찰에 대한 대중의 분노는 '검찰의 수사권을 빼앗고 공수처를 설치해서 검사를 처벌하도록 하는 것이 정의'라는 신념으로 단단하게 변했다. 박근혜 정부 초대 민정수석이었던 자유한국당 곽상도 의원과 당시 법무부 장관이었던 황교안 의원이 김학의 수사 상황을 직접 챙겼다는 의혹도 제기되자, 검찰이 박근혜 정권의 적폐세력으로 함께 묶였다.

민갑룡 경찰청장의 국회 발언이 끝나자 윤규근 총경이 민정수석실 관계자 A에게 문자를 보냈다. "이 정도면 됐나요?" 민정수석실 관계자 A는 "더 세게 했어야 하는데"라고 약간 질책하면서, "검찰과 대립하는 구도를 진작에 만들었어야 하는데"라고 했다. 세상 사람들은 그 당시 두 사람이 대화를 나누고 있었다는 사실을 알 수 없었다. 나 역시 알 길이 없었다. 민갑룡 경찰청장의 국회 발언을 민정수석실 관계자 A와 윤규근 총경이 사전에 논의했다는 사실은 이로부터 7개월 뒤인 2019년 10월 12

일에 가서야 언론에 보도되었다. 마침 〈한겨레21〉이 윤석열 총장도 윤중천 별장에서 접대를 받았다고 보도한 다음 날이었다. 윤석열 총장에 대한 비난이 하늘을 찌를 기세였던 날들에, 민정수석실 관계자 A를 주목한 사람은 많지 않았다.

명운을 걸고
수사하라

　민갑룡 경찰청장의 국회 발언 이후에 대검찰청 검찰과거사 진상조사단도 3월 14일에 김학의에게 소환통보를 했다. 당초 대검 진상조사단의 활동 기간(2018년 2월~2019년 3월)의 연장을 불허했던 법무부 검찰과거사위원회는 이날 대검 과거사진상 조사단 활동을 두 달간(2018년 2월~2019년 5월) 연장하기로 결정했다.

　2019년 3월 18일에 문재인 대통령이 전면에 나섰다. '장자연·김학의·버닝썬 사건을 검경이 명운을 걸고 수사하라'고 지시를 내렸다. "검찰과 경찰 등의 수사 기관들이 고의적인 부실 수사를 하거나 더 나아가 적극적으로 진실규명을 가로막고 비호·은폐한 정황들이 보인다"고 했다. 경찰과 검찰의 범죄를 사실상 확정한 발언이었다. "공소시효가 끝난 사건도 그대로 사실여부를 가리고, 공소시효가 남은 사건은 반드시 엄정한 사법처리하라"는 것이다.[5]

그날 밤 JTBC는 「윤중천 면담보고서」를 처음으로 세상에 알렸다. JTBC는 대검 과거사진상조사단 8팀에서 작성한 윤중천 면담보고서를 바탕으로, '윤중천이 윤갑근 전 고검장과의 친분을 인정한 것으로 파악됐다'고 보도했다.[6]

3월 22일 밤 인천공항의 법무부 출입국관리본부 직원들은 대검 진상조사단의 이규원 검사 명의로 작성된 출국금지 요청서

5   「文대통령, 장자연·김학의·버닝썬 "검경 명운 걸고 진실규명"」,〈뉴시스〉(2019.03.18)
6   2021년 2월 3일 서울중앙지법 민사합의14부(김병철, 정기상, 선승혜)는 윤갑근 전 고검장이 JTBC와 JTBC 소속 임 모 기자, 손석희 앵커를 상대로 낸 손해배상청구 소송에서 일부승소 판결하고 7,000만 원을 배상하라고 선고했다. 2014년 김 전 차관 사건 2차 검찰수사 당시 지휘선인 대검 강력부장(검사장급)으로 재직한 윤 전 고검장이 과거 성접대 장소로 지목된 윤 씨 별장에 드나들었다는 보도의 근거가 된 대검 진상조사단의 윤중천 면담보고서가 신빙성이 없다는 게 이유였다. 재판부는 또 "대검찰청 진상조사단 소속 검사가 윤 씨와 면담이라는 절차를 가졌다고 하는데, 그 형사 절차상의 법적 근거가 분명하지 않아서 적법절차의 원칙에 어긋나는 것은 아닌지 의심이 들고, 나아가 여기서 나왔다는 불명확한 대화 내용이 특정 언론에 전달되어 보도되는 과정도 적절해 보이지 않는다"고 판시했다. (출처 : 위키리크스)

를 받았다. 차규근 법무부 출입국·외국인 정책본부장은 출국금지요청서를 승인했다. 현장에는 취재진의 카메라가 준비되어 있었다. 김학의 전 차관이 법무부 직원들에게 양팔이 묶여 인천공항을 빠져나와 대기하던 차에 오르는 현장은 뉴스 화면에 생생히 보도되었다. 김학의 사건을 은폐한 검찰과 검찰 출신 야당 지도부에게 분노를 쏟아내던 나를 포함한 여당 지지자들에게 이미 김학의는 악마였다.

오히려 김학의 성폭행 피해자를 대리했던 박찬종 변호사가 출국금지 조치가 편법으로 이뤄진 것 같다고 문제를 제기했지만, 악마를 도망 직전에 붙잡았다는 것을 환호하기에도 바빠서 그런 말은 귀에 들리지도 않았다. 검고 두꺼운 장막 뒤에서 문재인 정권과 경찰이 명운을 걸고 사투를 벌이고 있다는 사실은 꿈에도 몰랐다. 문재인 대통령이 김학의, 장자연, 버닝썬 사건을 함께 묶어 명운을 건 수사를 검경에게 지시한 지 사흘 만에, 김학의 사건은 버닝썬 사건과 경찰'총'장 윤규근 총경 뉴스를 조용히 가라앉혔다.

2장

청와대
민정수석실

조국 민정수석과
이광철 선임행정관

조국 민정수석과는 페이스북 메시지로 문자를 주고받기 전에
도 안면이 조금 있었다. 그를 만난 것은 사법연수원을 졸업하
고 변호사 생활을 시작한 2004년이었다. 기억으로는 그 해 어
느 날 강남역 부근에서 대학 선배이자 참여연대 운영위원이던
선배 한 분이 동석한 모임에 나갔었고, 마침 다른 참여연대 임
원진들이 모여 있던 인근 노래방에 합류했던 자리였다. 참여연
대 활동을 권유했던 선배가 나를 그들에게 인사시킬 요량이었
던 것 같다. 그곳에서 조국 교수를 처음 봤다. 사람 얼굴과 이름
을 어지간히도 기억하지 못해 종종 난감한 상황을 겪는 나조차
비좁고 컴컴한 노래방 한쪽 벽 모서리에 몸을 기대고 혼자서 노

래를 부르던 사람이 조국 교수인 줄 금방 알아봤으니 그때도 조국 교수는 이름이 알려졌던 것 같다. 그 자리에서 조국 교수와 얼굴을 마주하고 인사를 한 기억은 없으니 아마도 우리 팀은 인사만 나누고 바로 나왔던 모양이다.

그 후 나는 바로 참여연대에 사법감시센터 실행위원으로 합류했다. 사법감시센터 전 소장이던 조국 교수는 안식년으로 활동을 잠시 중단했던 시기였다. 당시 참여연대 사법감시센터에는 임지봉, 서보학, 한상희, 하태훈 교수 등이 있었다. 그곳은 참여정부의 사법개혁과 로스쿨의 산실이었다. 조국 일가 수사가 시작되자 검찰을 사악한 집단이라 부르는 데 주저함이 없던 서보학 교수는 나와 경찰청 수사정책위원회에서 다시 만났다. 임지봉 서강대 법학전문대학원 교수는 경찰관을 폭행한 혐의로 기소돼 1심과 2심에서 유죄 판결을 받았지만, 고위공직자범죄수사처(공수처) 자문위원으로 참여했다.

조국 교수 이야기를 진지하게 듣게 된 것은 〈오마이뉴스〉 대표 오연호에게서였다. 오연호는 2010년 조국과의 대담집 『진보집권플랜』을 발간했다. 오연호는 나와 연세대 국문학과 83학번 동기이자 운동권 비공개 조직(언더팀under team이라고 불렀다)의 같은 팀원이었다. 2009년 5월 노무현 대통령 서거 소식을 듣고 봉하에 조문을 하러 같이 달려갔던 친구도 오연호였다.

노 대통령 서거 이후 친노세력은 노무현의 정치적 자산을 물려받았다. 폐족이 되어 나락으로 떨어졌다가 기적같이 부활한 친노세력은 2008년 광우병 촛불 시민들의 지지로 2012년 대선에서 집권할 가능성이 커졌지만, 마땅한 대선 주자가 없었다. 문재인 전 비서실장은 주변의 간절한 설득에도 여전히 머뭇거리고 있었다. 여권에는 선거의 여왕 박근혜 전 새누리당 대표가 다른 대안이 없는 이명박 대통령으로부터 정권을 물려받을 날을 기다리고 있었다.

마음이 다급해진 오연호는 "매력 있는 진보, 조국 교수를 찜했다." 2010년 가을에 페이스북에 가입해 조국에게 친구 신청을 했을 때, 그는 내가 2006년 한미 FTA 범국본 활동을 활발히 했던 사실을 알고 있었다. 그 후 오연호와 금태섭 등이 참석한 페이스북 친구들 모임과 민변 모임 등에서 몇 차례 보았다. 조국 교수 페이스북에 종종 댓글도 달고, 친구 오연호가 친구라 부르니 조국이 내 친구 같기도 했다.

조국 민정수석이 2019년 5월 8일 첫 페이스북 메시지를 보내면서 텔레그램 사용 여부를 물었다. 텔레그램으로 나의 응원에 대한 극진한 감사의 표시와 함께 검경수사권 조정과 공수처에 관한 기사를 링크해서 보내왔다. 내가 대신 페이스북에 그 기사를 토대로 정부를 옹호하고 방어해주길 바라는 뜻이 역력했다.

새벽 6시경 청와대로 출근하기 전에 보냈을 메시지 한 통을 시작으로 근무 중일 낮에도 종종 메시지를 보냈고 퇴근했을 밤 10시경에 마지막 메시지가 왔다. 안쓰럽기도 했다. 문재인 정부 출범 초기부터 야당이 줄곧 사퇴를 요구한 공격대상이었지만, 입을 열기 힘든 대통령의 비서였으니 답답하기가 오죽할까 싶었다. 법원 제출 시한이 촉박한 서면이 쌓이면, 민정수석실에 앉아서도 SNS를 끊지 못하고 기사를 검색해서 지인들에게 여기저기 문자를 보내고 있을 민정수석의 묵시적 요구가 슬쩍 불쾌하기도 했다. 업무만으로도 정신이 없어서 뉴스를 제대로 챙겨 보지 못하던 때였다. 법무부 과거사위원회나 대검 진상조사단에서 벌어지는 일들이 검찰개혁 주무부서인 민정수석실에 가할 압박과 초조함 같은 건 짐작조차 하지 못했다.

이광철 민정수석실 선임행정관은 민변 사무차장 출신이다. 나는 2006년에 민변에 가입했다. 당시는 WTO나 FTA가 무엇인지 아는 변호사들이 거의 없었다. 민변에서 새로 꾸려질 한미FTA 특위 간사를 맡아달라는 연락이 와서 사법연수원 국제통상법학회 선배였던 송기호 변호사와 함께 가입해 특위 활동을 했다. 그 후 2007년부터 2015년까지는 사내변호사로 활동했다. 그 중간 잠시 개업을 했던 2011년에 민변 공익변론 활동인 천안함 소송 변호인단으로 1년 남짓 참여했다. 한미 FTA 특위 간사 활동과 천안함 관련 형사사건의 공익변론 활동이 내 민변 활동의 거의 전부였다.

민변 변호사들과 친분을 쌓는 교류 활동은 거의 하지 못했지만, 두 활동 모두 국회 토론회나 방송 출연, 기자회견 등으로 언론에 노출되는 빈도가 높아서 민변 후배 변호사들에게는 이름이 알려져 있었던 것 같다. 페이스북 공간에서 꽤 오래 서로의 정치적 성향과 성격을 자세히 지켜볼 수 있었던 이광철 변호사는 내가 2016년 서초동에 다시 개업한 직후 우리 사무실로 찾아와 이런저런 환담을 나누고 간 적이 있었다. 좋은 인상을 남긴 만남이었고, 꽤 묵직하고 충직한 사람이라고 생각했다.

서울지방변호사회
검경수사권 조정 및 공수처 TF

2019년 5월경 경찰청 본청의 수사개혁단에서 변호사 출신 경찰 간부 두 분도 사무실로 찾아오거나 자료들을 전달해 왔다. 〈한겨레〉에서도 문무일 총장의 기자간담회 직후 기고를 요청해 왔다. 6월 중순 들어서는 이광철 행정관으로부터 서울지방변호사회에서 검경수사권 조정 및 공수처 TF를 꾸리려는데 참여해 달라는 연락이 왔다. 내가 같이 활동하고 싶은 변호사들을 찾아서 함께 참여해달라고 했다.

민변의 몇몇 변호사들에게 연락해보았으나, 내가 아는 범위에서 검찰개혁의 공익활동에 나설 변호사들을 찾기가 쉽지 않았다. 내 민변 친분이 그만큼 폭이 좁았기도 했지만, 그때만 해도 정부안에 대해 비판적인 태도였던 민변에서 마땅한 변호사를 찾기가 쉽지 않았기 때문이다. 이광철 행정관에게 상황을 전하니 "사람이 없어서가 아니라, 권 변호사님이 편하신 분과 같이 움직이시라고 한 것이니, 괜찮습니다. 김남국 변호사 아시나요?"라고 했다.

며칠 후 서울지방변호사회(서울변회) 회장 박종우 변호사로부터 전화 연락이 왔다. "사안이 사안인지라 훌륭한 분들을 섭외해서 모시려고 제가 일일이 전화를 드려서 수락을 받고 있습니다. 나서려는 분들이 많지 않아서 어렵게 모시고 있습니다. 김현석 위원장님에게도 어렵게 수락을 받았습니다. 권 변호사님도 꼭 모시고 싶은데 위원으로 참석해주실 수 있으신지요?"[7] 이미 조율된 일의 통지였지만 매우 극진하고 간절한 수락 요청처럼 들렸다.

서울변회가 2019년 6월 12일 '공수처 및 수사권 조정 태스크포스(TF)팀'을 출범시키기 직전에 이광철 행정관이 사무실로 찾아왔다. 검찰이 자신을 주시하고 있어서 요즘은 서초동에 나타나기도 조심스럽다고 웃었다. 불편해도 검경수사권 조정안을

---

7 "박 회장은 민정수석실 관여가 없었다고 했다. 그는 "내가 전적으로 승인하고 위원들에게 전화해서 직접 삼고초려하며 선정한 것"이라며 "왜 권 변호사가 민정에서 추천한 것으로 알고 있는지에 대해서는 권 변호사에게 문의해달라"고 했다." – 「"靑, 공수처TF 위원선정에 개입"…권경애 SNS글 '파문'」, 〈헤럴드경제〉(2020.08.10.)

브리핑 해주려고 내 사무실까지 찾아온 것이니 대접받고 있다는 기분이 들게 하는 말이기도 했다. 이광철 행정관은 민정수석실이 담당하는 기관을 'ㄱ'자 기관이라고 했다. 'ㄱ'자 기관들은 권력기관인 국정원, 검찰, 경찰, 기무사, 감사원 등이라고 했다. 문재인 정부가 국정 제1과제로 삼은 '권력기관 개혁' 대상이 되는 기관들이다.[8]

이광철 행정관은 출력해 온 검경체계도 자료를 주었다. 1년 전에 조국 민정수석이 기자간담회를 열어 박상기 법무부 장관, 김부겸 행정안전부 장관과 함께 검경수사권 조정 합의문 서명식을 마친 뒤 향후 수사개시와 수사종결까지의 과정을 설명할 때 사용한 체계도였다. 이광철 행정관이 만든 것이었다. 그 체계도가 설계한 대로 형사사법제도가 바뀔 것이다.

이광철 행정관이 검경수사권 조정에 따른 체계도를 놓고 설명을 했다. 나는 '실무경험상 검찰에 비해 경찰의 수사능력과 법적 판단능력이 부족하니 검찰에게 특수수사권을 남겨놓는 것은 찬성하지만, 검찰의 수사지휘권의 사실상 폐지는 우려스러

8　스티븐 레비츠키, 대니얼 지블랫의 『어떻게 민주주의는 무너지는가』에서는 이러한 권력기관을 '심판기관'이라고 일컫는다. 선출된 권력이 합법적으로 민주주의를 전복시키는 가장 중요한 수단이 '심판매수'이다. 심판매수란 심판기관들의 인사들을 회유하고 회유가 통하지 않으면 협박해서 내쫓고 친정부 인사들로 채우는 것을 말한다. 회유·교체가 실패하면 심판의 수를 증원하거나 심판기관 자체를 폐지하고 대체기관을 만들기도 한다.

운 것 아니냐고 물었다. '조국 민정수석도 교수 시절 검찰의 특수수사권을 폐지하는 대신 검찰의 경찰에 대한 수사지휘권을 통해 경찰을 통제하자는 입장이었지 않느냐'고도 물었다.

"저도 대통령님과 격렬한 토론을 벌였는데요. 다른 행정관들이 어떻게 대통령님 앞에서 그렇게 말할 수 있느냐고 할 정도로요. 검찰에게 특수수사권을 남겨둬야 한다는 것은 대통령님의 생각이셨어요. 이건 외부에 알려지면 곤란할 오프 더 레코드입니다만, 그건 대통령님의 의지가 워낙 강했어요. 경찰이 특수수사를 할 수 있는 준비가 아직 안 되어 있다고 하셨죠. 대통령님은 검사작성피의자신문조서의 증거능력 문제도 우리 형사소송법의 실무상 너무 이르다고도 생각하셨어요."

이 행정관의 태도는 친근하고 깍듯했지만, 직접 문재인 대통령과 마주 앉아 구체적인 지시를 받으며 검찰개혁을 이끌어간다는 자부심과 권력자의 신임을 받는 사람의 자신감이 역력히 배어 있었다. 경찰의 민간유착에 대한 강한 경계심과 부족한 법적 판단능력에 대해 우려를 하고 있던 터라, 왜 그 같은 옳은 판단을 직접 대통령이 내렸다는 사실을 외부에 알리면 안 된다는 것인지 의아했지만, 꼬치꼬치 이유를 따져 묻는 건 그를 난처하게 만들고 검찰개혁의 내용을 깊이 알지 못하는 내 미숙함을 드러내는 어리석은 일이라 생각했다. 정부 발의 입법이 아니고 의원입법 발의 형식을 취했으니, 대통령과 민정수석실에서 일일이 세부사항까지 만들었다는 사실이 밝혀져서 좋을 건 없다고 이해하고 넘어갔다.

대화가 끝나갈 즈음 김남국 변호사가 들어왔다. 몇 번 TV 시사 프로그램에서 본 느낌은 딱딱한 모범생이었는데 경쾌한 청년이었다. 이광철 행정관은 내게 한 브리핑을 김남국 변호사를 위해 반복하지는 않았다. 두 사람은 이미 충분히 논의하는 사이 같았다. 나중에 김남국 변호사가 최민희, 정봉주, 손혜원 전의원, 최강욱 변호사와도 함께 유튜브 방송을 한다는 것을 알았다. 선배들을 잘 따르고 사회생활 열심히 하는 붙임성 좋고 순종적인 성격으로 보였다.

서울변회 '검경수사권 조정 및 공수처 태스크포스(TF)팀'은 활동 기간을 3개월로 잡고 있었다. 서울변회 소속 변호사들을 상대로 한 설문조사, 필요한 경우 국회나 정부에 제안서 제출, 보고서 작성 제출 및 입장문 발표 기자회견을 활동 내용으로 설정했다. 격주로 오찬을 겸한 회의를 하면서 꽤 깊이 있는 토론이 오고 갔고 예정보다 3개월 더 활동이 이어져 2019년 11월 말경에서야 끝났다.

위원장은 형사재판제도 전문가로 대법원 수석재판연구관을 지낸 김현석(사법연수원 20기) 변호사가 맡았다. 그는 검경수사권 조정안과 공수처법을 찬성하는 입장에 가까웠다. 나중에 윤석열 징계집행정지 신청 사건을 맡게 된 이완규 변호사, 라임사모펀드 사기 사건을 맡아서 김봉현 회장이 등장하는 녹취 파일을 공개한 김정철 변호사가 반대 입장에 서 있었다. 서지현 검사 사건 대리인이었던 조순열 변호사와 김남국 변호사가 정부여당측 입장을 옹호했다. 나도 조국 민정수석의 법무부 장관 임명일 이전까지 정부여당 측 입장을 옹호했다.

윤석열
검찰총장

2019년 6월 17일 문재인 대통령이 윤석열 서울중앙지검장을 검찰총장 후보로 지명했다. 마치 반전을 거듭하는 잘 짜여진 드라마 주인공이 역경을 딛고 행복을 찾는 해피엔딩을 맞는 것 같았다. 하지만 겨우 본편의 시작을 알리는 예고에 불과했다. 이전 역경은 프리퀄에 불과하다. 윤석열 총장 후보는 참여정부 시절에는 대통령 시절 정치자금을 관리했던 안희정을 구속하고, 변양균·신정아를 구속했다. 이명박 정부 시절에는 대통령의 형 이상득을 수사해 구속시켰다. 정권을 가리지 않고 정권 핵심부의 굵직한 비리 수사를 맡았지만, 이명박 정부까지는 실력 있고 뚝심 있는 "잘 나가는 특수통 검사"였다.

윤석열 총장의 고난은 박근혜 정권의 국정원 댓글 심리공작단 수사를 맡으면서 시작됐다. 박근혜 정부 내내 한직으로 떠돌던 윤석열 검사는 국정농단의혹사건수사특별검사팀의 박영수 특검에게 발탁되었다. 이후 문재인 정권은 윤석열 총장을 서울중앙지검장으로 임명해 탄핵된 전 정권의 '적폐'를 수사하는 잘 드는 칼잡이로 사용했다가 검찰총장으로 임명한 것이다.

문재인 정부 들어 서울중앙지검장 직위가 고검장급에서 검사장급으로 낮아졌지만, 1988년에 검찰총장 임기 2년제가 도입된 후 '고검장 경력 없이' 지검장이 되고 검찰총장까지 오른 첫 사례였다. 고검장을 거치지 않고 검찰총장에 직행하는 것도 그렇지만 기수 파괴는 전두환 군부정권 시절만큼이나 더 파격적이었다. 1981년 사법고시 2회 허형구 검찰총장 뒤를 이어 고시 8회 정치근 검찰총장이 임명됐다. 고시 8회 이전 기수 검찰 간부들 모두의 옷을 벗기는 파격 인사였다. 윤석열 총장이 검사장급 이상 간부 가운데 나이가 가장 많아서 선배와 동기들을 지휘하는 데 큰 문제가 없을 것이라는 시각도 있었지만, 검찰은 정부의 인사 메시지를 수용해 왔다. 사법연수원 제23기가 5기 위인 제18기 문무일 검찰총장의 뒤를 잇는 것이다. 연수원 선배 고검장 8명과 검사장 22명을 한꺼번에 대폭 물갈이를 할 '사상 초유'의 인사였다. 윤석열 서울지검장은 이 모든 논란을 사소한 시빗거리로 만들 만큼 검사로서는 당시 유례없이 높은 인기를 누리고 있었다.

친정부 인사들 일각에서는 윤석열 후보자를 꺼렸다. 정권을 가리지 않는 그의 원칙주의적 성향이 문재인 정부에게도 부담이 될 거라 보았다. 검찰의 속사정을 가장 잘 아는 법조기자라고 평가되는 강희철 〈한겨레〉 기자도 『검찰외전』에서는 '검찰총장 임명의 정치학'이라는 글에 '윤석열은 우리 편이라는 중대한 착각'이라는 부제를 달았다.[9] 특검과 서울중앙지검장 시절 박근혜 정권 '적폐수사'에서 보인 능력과 뚝심을 문재인 정권에 대한 충심으로 오인한 것일까. 문재인 대통령과 민정수석실은 윤석열을 '우리 편'이라고 착각한 것일까.

2013년에 국회 대정부 질의 참고인으로 출석해서 답변하는 윤석열 총장은 국민에게 깊은 인상을 남겼다. 그는 황교안 법무부 장관 및 서울중앙지검 지휘부의 수사 외압을 폭로하며 "위법을 지시할 때 따르면 안 된다", "나는 사람에게 충성하지 않는

9   강희철, 『검찰외전』(평사리, 2020), 209쪽 참조.

다"라고 발언해 이목을 끌었다. 우리가 원했던 검사다운 검사의 모습이 인상적이었지만, 그 당시 보여줬던 윤석열 후보자의 검찰 조직에 대한 각별한 애정이 지금의 검찰개혁에 걸림돌이 되지 않을까 하는 일말의 불안함이 일었다.

이광철 행정관이 내 사무실에 왔을 때는 이미 윤석열 총장 후보자에 대한 인사검증이 마무리되었을 단계였다. 묻지도 않았는데 이광철 행정관은 윤석열 서울중앙지검장이 2017년 11월 전병헌 정무수석 수사를 청와대와 구체적인 상의 없이 진행시켰다고 했다. 청와대도 정권 초반이라서 무방비였는데, 윤석열 지검장이 김은경 환경부 장관 블랙리스트와 채용비리 수사 때는 좀 달랐다고 했다. 「검찰보고사무규칙」에 따르면 각급 검찰청의 장이 상급 검찰청의 장과 법무부 장관에게 사건의 발생보고·수리보고·처분보고 및 재판결과보고를 해야 한다. 사건의 발생과 수사개시 및 처분결과를 보고하지만, 수사과정은 보고하지 않는다.

전병헌과 김은경 사건 처리와 관련해서 윤석열 지검장이 어떻게 했다는 건지 이광철 행정관의 말만으로는 구체적으로 알 수 없었지만 뭔가 매끄럽지 않은 앙금이 있다는 것을 감지할 수 있었다. 조국 수석은 이전 정권과 달리 민정수석실은 검찰의 수사에 전혀 관여하지 않는다고 수차 단언했었기에, 내 표정에 의

아함이 묻어났던 모양이다. 이광철 행정관은 황급히 "대통령님은 수사를 해도 좋지만, 사건을 캐비닛에 묻어두었다가 정치적으로 활용하지 말라고 하셨어요." 역시 무슨 말인지 정확히 알아듣기는 힘들었다. 그러나, 문재인 대통령과 조국 민정수석이 외부에 표명한 약속과 청와대의 현실이 차이가 있고, 문재인 대통령과 청와대가 윤석열 서울지검장을 마냥 "우리 편"이라고 생각하지는 않았다는 점은 분명했다. 언제든 정권의 비리가 터지면 원칙대로 수사하는 윤석열 검사의 기질에 대한 우려가 없을 수 없었다.

조국 민정수석의 텔레그램 메시지들에 간단한 답변이나 응원의 말 이외에는 내 쪽에서 궁금한 일이 있어도 질문하는 법이 없던 나도 조국 수석에게 이번 사안만은 먼저 물어보았다. "윤석열 지명자의 검찰개혁에 대한 입장은 어떤가요?" 조국 민정수석에게서 "우리 정부의 검찰개혁 방향에 동의하고 있습니다"라고 답이 왔다. 본인의 평가나 느낌이 실리지 않은 간결한 답변이었다. 나도 더 묻지 않았다. "다행이군요."

뉴스타파의
육성녹음 공개

2013년 4월 23일 대검찰청 중앙수사부가 32년 만에 폐지되면서 함께 사라진 것이 있다. 검찰총장의 직접수사지휘권이다.[10] 검찰총장이 중요 사건을 대검의 최정예 검사 30명이 포진된 중수부로 가져와 직접수사를 할 수 있는 권한이 폐지된 것이다. 서울중앙지검이 피의자를 세 번째 소환해 조사하고 있다는

---

10 "검찰청법 '7조의 2(검사 직무의 위임·이전 및 승계) 2항'은 "검찰총장, 각급 검찰청의 검사장 및 지청장은 소속 검사의 직무를 자신이 처리하거나 다른 검사로 하여금 처리하게 할 수 있다"고 총장의 수사지휘권을 규정하고 있다. 총장의 수사지휘권이란 중수부처럼 총장이 직접 지휘할 수 있는 직할 수사 조직을 전제로 한다. '총장이 소속 검사의 직무를 자신이 처리한다'는 말은 총장이 일선 검찰청 수사를 대검으로 가져와 직접 수사할 수 있다는 것을 뜻하기 때문이다. 그러나 중수부 폐지 이후 총장의 일선 장악력이 예전만 못하다는 의견이 많다." – 「중수부 폐지 2년 반…무엇이 남았나」, 〈매일경제〉(2015.11.16.)

소식을 뉴스를 통해 들었던 검찰총장도 있었다.[11] 검찰총장은 이제 종이호랑이가 됐다는 자조도 흘러나왔다. 대검 중수부 폐지 이후 정치적으로 중요한 사건 수사의 실권이 서울중앙지검 장에게 넘어갔다는 의미였다.

서초동의 관심은 윤석열 검찰총장과 호흡을 맞출 서울중앙 지검장이 누가 될지에 쏠렸다. 법조기자들은 서초동 분위기를 다음과 같이 보도했다. "검찰 내부에선 지난해 6월 검찰 간부 인사 당시 요직에 임명된 '노무현 정부 청와대 행정관 출신 3인방'이 차기 서울중앙지검장 후보로 거론된다. 3인방은 이성윤 대검 반부패강력부장(57·23기), 조남관 대검 과학수사부장 (54·24기), 윤대진 법무부 검찰국장(55·25기)이다."[12] 세 사람 모두 문재인 대통령과 함께 참여정부 시절 민정수석실 사정비 서관실에서 근무한 경력이 있었다. 이성윤 부장은 문 대통령의 참여정부 두 번째 민정수석 임기 시절 민정수석실의 사정비서 관실 산하 특별감찰반장이었다. 문재인 대통령의 경희대 법대 후배이기도 하다. 조남관 부장도 민정수석실 산하 사정비서실 행정관이었다.

---

11 강희철, 『검찰외전』(평사리, 2020), 216쪽 참조
12 「선배-동기 30명 제친 파격…중앙지검장 인사가 물갈이 폭 좌우」, 〈동아일보〉 (2019.6.18.)

윤대진 부장도 문재인 대통령의 초대 민정수석 시절에 사정비서관 행정관으로 함께 근무했다. 윤대진 부장은 조국 민정수석의 서울대 법대 1년 후배이기도 했다. 윤대진 부장은 윤석열 총장이 아끼는 후배로 알려졌다. 검찰 내부에서는 '소윤'과 '대윤'이라고 불릴 정도였다. 윤대진 부장이 서울중앙지검장에 가장 근접해 있다는 평이 우세했다. 윤대진 부장이 서울중앙지검장으로 임명된다면 윤석열 총장의 검찰 장악력은 막강할 것이다.

2019년 7월 8일 윤석열 검찰총장 인사청문회 오전 시간에 주광덕 자유한국당 의원이 "대검 중수부 후배인 이남석 변호사에게 '윤우진 전 용산세무서장에게 연락을 하라'고 그렇게 전한 적이 있느냐?"고 물었다. 윤석열 후보자가 측근인 윤대진 전 검사장의 친형 윤우진 전 용산세무서장의 뇌물수수 사건을 무마했다는 의혹을 질문한 것이다. 윤석열 후보자는 '그런 사실 없다'고 답했다.

인사청문회가 끝날 무렵인 오전 11시 40분에 〈뉴스타파〉가 윤석열 총장의 육성녹음을 공개했다.[13] 윤석열 후보자가 지난 2012년 검사 출신 변호사를 윤우진 전 용산세무서장에게 직접 소개해줬다고 말하는 통화녹음 파일이었다.

---

13 「윤석열 2012년 녹음파일…"내가 변호사 소개했다"」, 〈뉴스타파〉(2019.07.08.)

- 2012년 윤석열 당시 서울중앙지검 특수1부장 전화 인터뷰 내용

윤우진 씨가 어디 병원에 이틀인가 삼일인가 입원을 해 있었어요. 그래서 갔더니 '애들(경찰)이 자기를 노린다' 이렇게 얘기하더라고. '아무래도 조만간에 경찰에 한번 가야 할 것 같다'고 얘기했어요. 그래서 내가 '그럼 진작에 얘기를 하지. 그리고 변호사가 일단 필요할 테니까…'라고 했고, 윤우진 씨는 '경찰 수사가 좀 너무 과하다' 이런 얘기를 하더라고. 그런데 아마 그게 내가 그 사건을 지휘하는 검찰 부서에 얘기를 해줬으면 하고 기대하고 하는 얘기인지 어떤지는 모르겠는데, 그건 우리가 할 수가 없잖아요. 어차피 이게 분위기를 딱 보니까, '아, 대진이(윤대진 현 검찰국장)가 이철규(전 경기경찰청장)를 집어넣었다고 애들(경찰)이 지금 형(윤우진 전 용산세무서장)을 걸은 거구나' 하는 생각이 딱 스치더라고. 그래서 '일단 이 사람한테 변호사가 일단 필요하겠다. 그리고 지금부터 내가 이 양반하고 사건 갖고 상담을 하면 안 되겠다' 싶어가지고. 내가 중수부 연구관 하다가 막 나간 이남석(변호사)이 보고 '일단 네가 대진이한테는 얘기하지 말고, 대진이 한참 일하니까, 형 문제 가지고 괜히 머리 쓰면 안 되니까, 네가 그러면 윤우진 서장 한번 만나봐라'(라고 말했어요.)

검사가 자신이 근무하는 기관에서 취급하는 사건이나 직무상 관련 있는 사건에 특정 변호사를 소개·알선하면 변호사법 위반이다. 다음 날 윤대진 당시 법무부 검찰국장이 출입 기자단에게 문자메시지를 통해 이남석 변호사를 소개한 것은 자신이라고 밝혔다. "이남석 변호사는 내가 중수부 과장을 할 때 수사팀 직속 부하였다. 소개는 내가 한 것이고 윤석열 후보자는 관여한 바가 없다"고 했다. "윤 후보자가 (과거에) 〈주간동아〉에 그렇게 인터뷰를 했다면 나를 드러내지 않고 보호하기 위해 그런 것으로 생각된다"는 것이다. 친족 사건에 변호사를 소개해준 것은 변호사법 위반이 아니다. 윤대진 국장이 형 윤우진에게 이남석 변호사를 소개했어도 실정법 위반은 아니었다. 이남석 변호사도 입장을 밝혔다. "(윤 국장의 소개로) 윤 서장을 만나보니 매우 상태가 심각해 한동안 말 상대를 해줬다. 경찰에 대한 형사변론은 하지 않았다. 그래서 경찰에 선임계도 내지 않았다"고 설명했다.

　〈뉴스타파〉의 보도는 뉴스 가치가 있었으나, 변호사 소개행위의 실정법 위반에 대한 판단이나 이남석 변호사에 대한 교차 확인 과정 없는 보도였다. 인사청문회 끝날 무렵에 보도를 내서 윤석열 후보가 적절히 대응하기도 어려웠다. 윤대진과 이남석의 빠른 대응으로 윤석열 총장 임명에는 영향을 미치지 않았지만, 언론 혹은 인사청문회 답변 둘 중 하나는 거짓말이었던 셈이다. 도덕성에 흠집이 생겼다.

윤우진의 압수수색 영장과 구속영장 신청이 6회씩이나 이례적으로 기각되었다는 사실도 보도됐다. 윤석열 검사와 윤대진 검사가 사건 담당 경찰이나 지휘 검사에게 영장 신청을 기각하라고 구체적인 압력을 가할 만큼 어리석지는 않겠지만, 검찰이 상급간부 친인척 사건을 어떻게 알아서 처리하는지 그 일단을 짐작할 수 있었다. 윤석열과 윤대진의 끈끈한 유대도 드러났다. 검사 인사에서 의견을 제시할 권한이 있는 윤석열 총장으로서는 윤대진 부장을 서울중앙지검장으로 임명 요청하기가 어렵게 됐다.[14]

지금은 윤석열 전 총장이 '공적'이지만, 당시 더불어민주당 지지자들은 〈뉴스타파〉가 자유한국당의 사주를 받아 윤 후보를 낙마시키려고 보도한 것이라고 몰아세우며 후원을 끊었다. 2012년 이해찬이 '혁신과 통합'을 출범시켜서 친노세력이 민주당 당권을 장악해가던 것과 발맞춰서 〈뉴스타파〉도 친노 지

---

14 「서울중앙지검장에 '尹총장 연수원 동기' 배성범 유력」, 〈조선일보〉가 윤석열 인사청문회 다음 날 새벽 2019.07.26. 03:38에 올린 기사.

지자들의 든든한 후원을 받으며 빠르게 성장했다. 친노친문 지지자들의 후원금으로 성장시킨 대표적인 조직이 노무현재단과 〈뉴스타파〉였던 것이다. 후원자들의 격노에 〈뉴스타파〉 김용진 대표는 "과정이나 명분이야 어쨌든 결과적으로 저희 보도가 심려를 끼친 부분이 분명히 있다"고 사과했다.

서울중앙지검장은 정치적으로 무색무취한 배성범 광주지검장이 임명됐다. 이성윤은 검찰 인사와 예산을 총괄하는 법무부 검찰국장 자리에 앉았다. 6개월 후인 2020년 1월, 추미애 장관은 첫 인사에서 조국 일가 수사를 지휘한 배성범 서울중앙지검장을 법무연수원장으로 좌천시키고, 이성윤을 서울중앙지검장으로 영전시켰다.

문재인 정부가 이성윤을 윤석열 총장 임명과 동시에 서울중앙지검장으로 임명했다면 조국 수사를 막았을까. 그랬다면 문재인 정부의 운명이 달라졌을까. 문재인 정부로서는 윤석열의 검찰총장 임명보다 윤 총장과 함께 이성윤을 서울중앙지검장으로 임명하지 못한 것이 가장 뼈아프지 않을까.

민정수석 방에
모인 사람들

2019년 7월 25일 오전 청와대에서는 윤석열 총장의 임명장 수여식이 있었다. 문재인 대통령은 "정치검찰의 행태를 청산하고 무소불위의 권력으로 국민 위에 군림하는 게 아니라 민주적 통제를 받으면서 국민들을 오히려 주인으로 받드는 검찰이 되기를 바라는 (국민들의) 마음이 있다"고 검찰개혁을 주문했다. 그는 살아 있는 권력에 대한 수사에 권력의 눈치를 보지 말라는 멋진 말도 덧붙였다. "권력형 비리에 대해서 권력에 휘둘리지 않고 권력의 눈치도 보지 않고 사람에 충성하지 않는 자세로 아주 엄정하게 처리해서 국민들의 희망을 받았는데 그런 자세를 앞으로도 계속해서 끝까지 지켜달라."

알아야 할 많은 내막을 알 수 없었던 나는, 한여름 부슬비로 조금 습한 택시 안에서 임명식에 참석한 윤석열 총장 부인 김건희 여사의 미모에 놀란 사람들의 글을 보며 청와대 연풍문을 향했다. 이광철 행정관이 잡았던 6월의 청와대 인근 점심 모임을 내가 허리 통증으로 연기해서 마침 윤석열 총장 임명식 날 점심에 청와대에서 모이게 된 것이다. 연풍문에서 기다리는 이광철 행정관과 조금 늦게 도착한 김남국 변호사 셋이 먼저 청와대 구내식당에서 식사를 했다. 대화 중 금태섭 의원 이야기가 나왔다. 이광철 행정관은 공수처 반대의견을 굽히지 않는 금태섭 의원을 민정수석실이 따로 만난 이야기를 꺼냈다.

"사실 조국 수석님이 금태섭 의원과 따로 자리를 만들었어요. 그래도 민정수석과 비서진들이 따로 자리를 만든 건 나름대로 대접을 해드린 거잖아요. 대통령님이 그렇게 원하시는데, 한 번만 뜻을 굽혀서 찬성해달라고 했죠."

"뭐라고 하던가요?"

"자신은 입법부의 일원이고 행정부를 견제할 책임이 있다고 하더군요."

금태섭 의원은 탈당 후에 국회 의원회관에서 열린 국민의힘

초선 공부모임 '명불허전 보수다'에서 한 강연에서는 또 다른
자리에서 만난 조국 전 수석 이야기를 공개했다.

"공수처와 관련해 여러 번 논쟁을 벌이다 화가 나서 '바보스
러운 논쟁'이라고 말했는데, 청와대에서 오신 분이 '우리가 바
보인 줄 아나. 연말까지 통과 안 될 것 당연히 안다. 우리는 법
제사법위원회에서 공수처 '통과해달라, 통과해달라' 주장을 계
속해 달라는 것이다. 민주당이 계속 주장하면 개혁세력으로 보
일 것이고, 자유한국당(현 국민의힘)은 반대하는 모습을 보이면
검찰을 지키려는 수구세력으로 보일 것이다. 그러면 그다음
선거에서 민주당이 대승할 수 있지 않겠냐고 말했다"[15]는 것이
다.

식사 후 조국 민정수석실 방으로 올라갔다. 사법연수원 동기
인 김미경 행정관도 합석했다. 김미경 행정관의 남편이 서울변
회 박종우 회장이라는 사실을 그 자리에서 처음 알았다. 이광철
행정관은 내 대학 동문 후배인 김영식 법무비서관도 찾았으나
마침 그날 연차였다.

---

15 「"靑, 선거 위해 공수처 악용"…금태섭 "서울시장 출마 깊이 고민 중"」, 〈뉴데일리〉
   (2020.11.18.)

조국 수석은 그날이 청와대 근무 마지막 날이라고 했다. 그는 몹시 유쾌해 보였다. 줄곧 환한 웃음을 지으며 활달한 목소리로 쉴 새 없이 말을 이어갔다. 서울변회 TF 이야기를 한참 주고받다가, 내가 "이제 청문회 준비하셔야겠네요"라고 화제를 좀 바꾸어보았다. "한두 주 푹 쉬면서 부산에도 좀 다녀오고, 그리고 준비해야죠." 나는 근거 없는 흠집 잡기에 시달릴 조국 수석이 지레 걱정이 돼서 "굉장히 시달리실 텐데요"라고 먼저 위로했다. 표정과 목소리는 호방했지만, 조국 수석 본인도 걱정이 되는 것 같았다. 김미경 행정관이 "언니가 지금처럼 열심히 도와주시겠죠. 도와주셔야죠"라며 거들었다.

부당하게 부풀려진 공격이면 도와달라고 하지 않아도 도울 것이다. 강남좌파라고 공격받아 왔지만, 독립운동가 후손들을 위해 부친이 설립했다는 사학재단은 세금도 제때 못 낼 만큼 재정상태가 넉넉하지 않으니 흔한 사학재단 비리로 책 잡힐 일도 없어 보였다. 부인의 집안이 상당히 재력가라는 말을 어디선가 들은 적이 있어서 재산형성 과정에 문제가 있을 것 같지도 않았다.

나는 웃으며 "이제 우리도 궁금했던 강남좌파 재산이며 가족들 얘기도 전부 알게 되는 거죠?"라고 잘못된 부탁이라도 받은 양 슬쩍 밀쳐냈다. 잠시 말을 멈추고 있던 조국 수석이 "합법 아닌 건 없습니다"라고 했다. 나는 조국 수석 쪽으로 고개를 돌렸다. 나를 안심시키려는 듯이 여전히 환한 표정으로 "합법 아닌 건 하나도 없습니다"라고 한 번 더 반복했다.

"크게 문제 될 건 없습니다. 그래도 먼지 털 듯할 테니 걱정입니다"가 아니었다. "합법 아닌 건 없습니다"였다. 조국 지명자가 공개석상에서도 내뱉은 그 말은 이후 문재인 정부의 공직자나 공직 후보자의 윤리적 흠결에 제기되는 질타를 방어하는 표준 문장이 되었다. 공직 임명의 잣대를 상식과 공정이 아니라 합법과 불법으로 바꿔치기한 그 문장은, 그날 조국 수석의 빛나던 눈빛과 두 행정관의 따뜻한 환대의 기억들을 통증으로 바꿔 놓았다.

삭제된
텔레그램 메시지

2019년 8월 9일 조국 전 수석의 법무부 장관 후보자 지명이 발표되었다. 나는 8월 4일 페이스북에 그가 학생들을 배려해서 교수직을 내려놓기를 바란다고 썼다.

"조국 전 수석은 후보자로 지명되면 인사청문회 전에 학교는 사임했으면 좋겠다. 지명되면 청문보고서 의견과 무관하게 임명되실 텐데, 학생들과 동료 교수에게 또 2년여 동안 피해를 감내해달라는 것도 염치가 없어 보인다. 염치없는 공직자를 불법만큼이나 싫어하는 국민정서법의 무서움을 잘 숙고하셨으면 좋겠다. 자신의 정체성을 '학자'로 인식하고 지키고자 하는 각오야 왈가왈부할 영역은 아니나, 퇴임 후 오라는 곳 많을 테고, 앙

가주망을 통해 체득한 학술적 풍부함을 꼭 서울대로 복귀해서 서울대생한테만 전수할 당위가 있는 건 아니지 않은가"라고 당부했다. 그는 끝내 교수 자리를 놓지 않았다.

조국 수석이 텔레그램으로 보낸 메시지는 삭제되어 지금은 확인이 어렵다. 송철호 울산시장 선거 개입 의혹 사건으로 수사를 받던 청와대 전 행정관이 자살한 후 청와대 비서진들이 빠르게 휴대폰 메시지와 SNS 메시지를 삭제하고 있다는 추측성 글을 어디선가 보고, 문득 텔레그램 메시지를 확인해봤다. 조국 수석 텔레그램 메시지들은 깨끗하게 텅 비어 있었다. 페이스북 메시지는 몇 개 남아 있었다. 페이스북 메시지는 삭제 기능이 없는 모양이었고, 조국 수석은 처음부터 그걸 알았던 것 같다. 조국의 마지막 메시지는 남아 있는데, 페이스북으로 8월 4일 보내온 것이다. 내 페이스북 포스팅을 본 후 바로 메시지를 남긴 것이었다.

2019년 8월 4일 나는 페이스북 글로 민주연구원 원장으로 부임한 양정철이 민주연구원을 병참기지로 만들겠다고 하거나 총선은 한일전이라고 한 말을 비판하면서 "조국 수석의 울컥한 분개심이 정의감과 책임감의 발로라고 느껴져서 내심 정이 더 갔더랬는데, 만약, 양정철 씨와의 모종의 교감에 의한 전술적 선봉대 역할을 자임한 것이라면, 음, 걍, 좀 실망이다"라는 말을 덧붙였다.

그 한 달 전 대법원이 일제 강점기 강제징용에 대한 일본기업의 배상 책임을 인정한 판결에 일본이 경제보복 조치로 대응하자 우리 국민들이 일본상품 불매운동을 벌였다. 그 시기에 나는 페이스북에 정부가 반일운동을 주도해서는 안 된다는 취지의 글을 올린 적이 있었다.

"국가가 잘못된 협상으로 피해자들의 구제를 방기/방해해 온 책임을 지고 신속히 해결책을 강구하면서도 양국의 외교적 마찰을 해소할 기회를 실기했던 것이다. 삶도, 정치도, 외교도, 현재의 조건을 수용하고 앞으로 나갈 수밖에 없다. 지난 실책에 대한 평가도 더 나은 미래를 위한 목적일 때에만 유의미한 변화에 도움이 된다. 지금 국민은 벤치 클리어링을 할 때이고, 정부는 합당한 외교적 협상과 해결책을 모색할 때이다. 상응 보복이 아니라." 내 페이스북을 민정수석실에서 꼼꼼히 보고 있다는 것을 알고 쓴 당부였다.

그러나 조국 수석은 7월 13일에 죽창가를 올리기도 하고, 7월 18일에는 "문재인 대통령은 경제전쟁의 '최고 통수권자'로

혼신의 힘을 다하고 있다…전쟁 속에서도 협상은 진행되기 마련이고 가능하면 빠른 시간 종전을 해야 한다. 그러나 전쟁은 전쟁이다. 중요한 것은 '진보냐 보수냐', '좌左냐 우右냐'가 아닌 '애국이냐 이적利敵이냐'이다'라는 글을 올렸다. 문재인 대통령은 "다시는 일본에 지지 않겠다"고 했다.

조국의 마지막 메시지는 "최근 '경제전쟁' 관련한 저의 페이스북 글로 학계, 시민사회 등에서 일정한 비판 또는 염려가 있음을 알고 있습니다. 짐작하시겠지만, 여러 이유로 '악역'을 자처했사오니, 널리 혜량해주시길!"이었다. 나는 이 메시지를 조국이 문재인 대통령의 뜻을 받들어 '악역'을 자처하고 있다고 이해했다.

3장

사모펀드 하는
사회주의자

고발된
장관 후보 일가

　역대 어떤 장관 후보자 검증과정도 이런 상황에 봉착한 적이 없었다. 문재인 대통령은 2019년 8월 14일에 법무부 장관 조국 후보자의 '공직후보자 재산변동 사항 신고서'와 함께 인사청문 요청안을 국회에 제출했다. 야당과 언론의 본격적인 검증이 시작됐다. 〈중앙일보〉, 〈조선일보〉, 〈서울경제〉가 차례로 사모펀드 블루코어벨류업1호(블루펀드) 가입 내역을 공개하며 펀드 약정액 74억 5,500만 원이 조국 지명자의 재산을 상회하는 것을 문제 삼았다. 고위 공직자 198명 중에서 사모펀드에 가입한 사람은 조국이 유일하다고 했다.[17]

　조국 부친이 설립한 웅동학원 관련 의혹도 제기됐다. 웅동학원이 동남은행에서 공사비로 대출받은 35억 원을 기술보증기금이 대신 변제하였는데, 웅동학원은 현재까지도 기술보증기금에 구상금 채무를 변제하지 않았다는 것이다. 반면 조국 동생 조권의 이혼한 전 부인이 대표로 있는 회사는 웅동학원에 공사비 채권을 가지고 있었다. 공적 기금에 대한 채무는 변제하지 않고 가족의 공사비 채권을 보유하려고 위장 이혼한 것 아니냐는 의혹이 제기될 수밖에 없는 정황이었다.

독립운동과 연관된 사학재단이라는 조국의 후광이 빛을 잃었다. 정경심 교수 명의 아파트가 조권의 부인인 동서에게 이전된 것도 채무를 면하기 위한 명의신탁이 아닌지 추궁당했다. 공직자 후보에 대한 필요한 윤리적 검증이었지만, 남동생의 이혼 사유까지 파헤치는 혹독한 검증을 견뎌야 하는 조국 후보자가 안쓰럽기만 했다. 걱정과 불안함이 뒤섞인 복잡한 심경으로 주말을 보냈다.

주말에 종종 연락을 주고받던 김현 전 더불어민주당 의원이

---

16 「고위공직자 198명 중 사모펀드 투자자는 조국뿐」, 〈동아일보〉(2019.08.19.)

3장 사모펀드 하는 사회주의자

전화를 걸어왔다. 김현은 조국 후보자에게 전화해서 나와 의논하라고 조언했다고 했다. 김현 전 의원은 20대 때 청년운동 단체에서 만난 친구다. 청년단체에 같이 있던 우상호, 허인회, 이인영 등 운동권 총학생회장 출신 회원들은 더불어민주당의 주역 정치인으로 성장했다. 그 단체 출신 변호사는 나 말고도 방송통신위원장의 후보로 지명되어 조국과 함께 인사청문회를 기다리고 있는 한상혁 변호사가 있었다.

참여정부 청와대 비서실에서 근무했던 경력이 있는 김현은 2016년 문재인 캠프가 꾸려지던 초기에 내게 '이제 청와대에 들어가서 일을 해야 하지 않겠느냐'며 캠프 합류를 권유하기도 했었다. 여성 변호사 몇 명을 모아서 문재인 후보를 만나자고도 제안했다. 한미 FTA나 노동정책, 이라크 파병 등의 사안에서 참여정부와 마찰을 빚어왔던 진보진영은 문재인 후보가 참여정부의 신자유주의 정책을 극복할 수 있을지 신뢰를 보내지 않았던 터였다. 한미 FTA 반대에 앞장섰던 나를 캠프에 참여시킨다면, 진보진영이 참여한 표시를 낼 수 있다고 판단한 모양이다. 이제 막 사내변호사 생활을 끝내고 서초동으로 들어왔으니, 다시 송무 변호사로 자리를 잡는 게 급선무였기에 요청을 물렸다. 문재인 대통령이 참여정부 실책을 극복할 분인지 판단이 서지 않기도 했지만 그 말은 삼켰다.

청와대 인근에 마련된 청문회 준비팀 사무실에는 이광철 행정관과 김미경 행정관 등이 돕고 있었다. 정경심 변호는 이인걸 전 청와대 반부패비서실 선임행정관이 맡았다. 조국이 나한테까지 도움을 청하지는 않을 거란 걸 김현도 알았을 것이다. 김현이 보기에도 조국이 많이 위험해 보였던 거다. 김현에게 사모펀드가 문제가 될 것 같다고 말해주었다. 김현은 5촌 조카 조범동과 코링크PE가 우회상장 하려 했다는 익성 관계자들이 법적으로 문제가 된다고 해도 투자자인 조국과 정경심 부부는 단지 투자한 것인데 무슨 문제가 되겠냐고 단호히 선을 그었다.

의혹이 해소되길 바라며 월요일을 맞았다. 월요일 19일부터는 시민단체와 야당이 고소·고발을 시작했다. 김진태 자유한국당 의원은 19일 '부산 해운대 아파트 위장매매 의혹'과 관련해서 조국 부부와 조국 동생의 전 부인 포함 3명을 부동산실명법 위반 등 혐의로 서울중앙지검에 고발했다. '행동하는 자유시민'(약칭 자유시민행동) 법률지원단도 같은 날 서울서부지검에 고발장을 냈다.

7대
허위 스펙

2019년 8월 19일부터는 조국 딸 조민의 입시비리 의혹이 터져 나오기 시작했다. 야당과 시민단체들의 고발도 이어졌다.

다음 날인 20일 〈동아일보〉 단독 기사를 필두로 조국의 딸 조민이 인턴활동을 한 단국대 의대 A 교수의 의학 논문 제1저자가 조민으로 등재되었다는 기사가 보도됐다. 조국의 딸 조민은 한영외고 재학 시절인 2007년에 단국대학교 의과대학 의과학연구소에서 2주 정도 인턴활동을 하면서 관련 실험에 참여했는데, SCIE 등재지인 대한병리학회지에 실린 의학 논문에 제1저자로 등재되고, 이를 고려대학교 수시전형 자기소개서에 기재했다. 2주 동안 참여한 고등학생이 신생아 허혈성 뇌병증에 관한 전문적 수준의 의학 논문 제1저자로 등재되는 건 상식적이지 않았다. 곧 실명이 보도된 논문 책임저자인 장영표 교수의 아들 장 모 씨가 조민과 한영외교 동급생이라는 사실도 밝혀졌다. 조민이 제1저자로 등재된 대한병리학회지 영어 논문이 출판 승인을 받은 지 두 달 후인 2009년 5월에는, 조민과 장 모 학생이 조국 교수가 주도한 서울대 법학전문대학원 산하기관인 공익인권법센터가 개최한 국제학술대회 인턴으로 활동했다. 조국 교수가 딸을 의사로 만들기 위해 자신의 지위를 이용한 '스펙 품앗이'를 했다는 의혹 보도는 모든 이슈를 블랙홀처럼 빨아들였다.

단국대 인턴과 논문 등재 의혹, 서울대 공익인권법센터 인턴 허위 의혹뿐만이 아니었다. 이어서 동양대 표창장, 동양대 보조연구원, 공주대 생명공학연구소 인턴, KIST 인턴, 부산 아쿠아펠리스호텔 인턴 등도 모두 조국과 정경심의 인맥을 동원한 스펙이었고, 인턴활동도 하지 않은 허위 스펙이라는 의혹 보도가 연이었다. 서울대 환경대학원과 부산대 의학전문대학원에서 받은 장학금과 관련한 의혹도 불거졌다. 언론은 쏟아지는 입시비리 의혹을 '조민의 7대 허위 스펙'으로 명명해 보도하기 시작했다.[17]

---

17 2020년 12월 24일, 정경심 교수의 제1심 재판부는 조민의 7대 의혹에 대하여 모두 유죄를 인정했다.

세상은 온통 조국 이슈로 뒤덮였다. 각종 포털사이트나 SNS에는 박탈감과 배신감에 휩싸인 젊은 층의 비난 글이 쇄도했다. 검경수사권 조정안과 공수처법에서 연대했던 야 4당도 흔들렸다. 민주평화당의 정동영 대표는 "국민의 상식과 도덕적 잣대 기준에 실망감을 주고 있다"며 문재인 대통령의 재고를 촉구했다. 자유한국당은 장외에서 문재인 대통령 규탄대회를 이어갔고, 조국의 자진 사퇴와 특검 및 국정조사를 주장하며 조국의 인사청문회 일정을 보이코트했다.

　정의당이 부적격성을 지적한 후보마다 낙마된 '데스노트'에 조국의 이름이 오를지도 대중의 관심사였다. 정의당은 당원들의 강한 조국 지지성향 때문에 신중했다. 정의당은 선거법을 개정해서 연동형 비례대표제로 원내 교섭단체를 구성하는 것이 지상 목표였다. 더불어민주당이 선거법 개정안을 먼저 통과시켜 주면, 정의당도 더불어민주당의 검찰개혁안 통과를 찬성하겠다는 합의가 있었다. 정의당 입장에서는 조국 장관 임명 불가 입장을 정하게 될 경우, 더불어민주당과의 공조가 흔들려 선거법 개정에 차질이 생기면 그것이야말로 큰일이었다.

　김현은 '사모펀드 비리가 정경심 교수와 조금이라도 연관되

어 있다면 정권의 큰 부담이 될 것이 우려된다'는 내 페이스북
글을 당장 내리라고 전화를 해 왔다. 상당히 강압적이고 무례한
요구였다. 나도 변호사로서 내 판단이 있는데, 그런 요구는 무
례하다고 언성을 높였다. 김현은 잠시 누굴 바꿔주겠다고 했다.
김현과 술자리에 동석하고 있던 내 대학 선배 의원이 김현에게
서 건네받은 휴대폰에 대고, 페이스북 글을 내려달라고 했다.
김현은 내 페이스북 글이 정의당의 임명 반대 논거가 될 수 있
다고 누그러진 목소리로 다시 부탁했다. 어쩔 수 없었다. 그런
부탁을 들어주는 것은 이번 한 번뿐이라고 못을 박았다.

코링크PE

　이상하게 들리겠지만, 내게 조국의 사모펀드 의혹은 흥미로운 '케이스 스터디' 감이기도 했다. 언론의 무더기 보도는 금융자본(사모펀드)이 산업자본(익성이나 WFM 등)을 망치고 산업구조를 왜곡한다는 내 의심을 확인할 기회를 제공했다.

　인사청문회 준비단의 사모펀드에 관한 해명은 조국 후보자의 23일 기자회견보다 먼저 8월 19일에 나왔다. 조국 일가 의혹은 김미경 행정관이 대응했다. 청와대 민정수석실 특별감찰반장 출신 이인걸 변호사가 정경심의 대리인으로 관련한 법적 조력을 하고 있었다. 인사청문회 준비단에서는 조국 일가의 코링크PE의 연관성을 전면 부인했다. 5촌 조카 조범동이 코링크PE를 실질적으로 운영했다는 의혹도 일체 부인했다.

〔인사청문회 준비단에서 알려드립니다(8. 19.)〕

1. "블루코어밸류업 1호 펀드 실질오너가 조후보자의 친척 조모"라는 의혹 보도는 사실과 다릅니다.

 – 조 모 씨는 ㈜코링크PE대표와 친분관계가 있어 거의 유일하게 위 펀드가 아닌 다른 펀드 투자 관련 중국과 mou 체결에 관여한 사실이 있을 뿐입니다(이건 mou도 사후 무산됨).

 – 후보자의 배우자가 조 모 씨의 소개로 블루코어밸류업 1호 사모펀드에 투자한 것은 사실이나, 그 외에 조 모 씨가 투자대상 선정을 포함하여 펀드운영 일체에 관여한 사실은 없는 것으로 확인되었습니다. (후략)

언론의 보도는 달랐다. 조국펀드라고 불리던 사모펀드 블루코어밸류업1호 펀드(블루펀드)의 운용사는 코링크PE였다. 언론은 코링크PE 관계자들을 접촉해서 실질적 오너가 조국의 5촌 조카 조범동이라는 기사를 쏟아냈다. 언론의 취재는 상당히 구체적이었다. 정경심 교수도 코링크PE 사무실에 드나들었다는 보도는 검찰이 흘린 기사라고도 보기 어려웠다. 혼란스러운 기사들을 종합하면 조국 일가는 코링크PE에 10억 원, 코링크PE

가 운용하는 4개의 사모펀드 중 블루펀드에 14억 원, 총 24억 원을 투자한 것으로 보였다.[18]

조국 부부는 재산 50억 원의 5분의 2 이상을 사모펀드에 투자했다. 사모펀드 운용사가 탁월한 수익 실적이 있거나 확실히 수익이 보장되는 투자처에 대한 정보를 알고 있는 경우에나 가능한 자산 대비 투자금 규모였다. 코링크PE는 특별한 운용실적이 확인되지 않았다. 5촌 조카의 소개만 믿고 어디에 투자되는지 전혀 모른 채 투자했다는 해명은 상식적이지 않았다. 가정경제에 무심한 선비로만 보이던 조국 교수가 이렇게 고위험의 투자 성향을 가지고 있었던 것 같지 않았으니, 부인 정경심 교수가 주도한 투자일 거라 짐작했다. 나는 자본시장 관련법을 뒤적이고 자료를 수집하면서 이 꺼림칙한 사모펀드의 실체를 파악해보려 애를 썼다.[19]

18 사모펀드는 사모펀드 운용사인 코링크PE, 코링크PE가 운용하는 사모펀드(4개. 레드펀드, 블루펀드, 그린펀드, 배터리펀드), 사모펀드가 투자한 피투자사(레드펀드-익성, 포스링크, 블루펀드-웰스씨앤티, IFM, 배터리펀드-WFM)를 총칭한다.
19 『한번도 경험해보지 못한 나라』(천년의상상, 2020) '제4장 금융시장을 뒤흔든 사모펀드 신드롬'과 '제5장 세상에서 가장 짜릿한 도박'은 조범동, 정경심, 조국이 기소되어 공개된 세 개의 공소장과 공판 초반에 관한 자료까지 모아 사실관계와 법리판단을 대담 형식으로 집필한 것이다.

갈라지는 땅

2019년 8월 20일 조국 딸 조민은 가로세로연구소 등 일부 네티즌을 고소했다. 조민은 자신이 포르쉐를 타고 다닌다거나 꼴찌를 했다는 것은 허위사실이라고 주장했다.

더불어민주당 이인영 원내대표는 '인사청문회는 가족청문회나 신상털기가 아니다. 인사청문회를 정쟁의 장으로 타락시키는 일을 중단하라'고 조국수호의 정면에 나섰다. 더불어민주당은 21일 팩트브리핑이라는 이름으로 "(조민이) 고려대 2010년 입시전형 중 세계선도인재전형 선발에서 해당 논문을 원문으로 제출한 적이 없다"고 해명하면서 단국대 논문을 이용해 입학했다는 의혹을 '가짜뉴스'라고 일축했다. 하지만 실제 의혹의 핵심은 조민이 논문 원문을 제출했느냐가 아니었다. 고려대 입시 전형에 제출한 자기소개서에 해당 논문 등재 내용을 기입한 것이 합격에 영향을 줬느냐가 핵심이었다.

홍익표 민주당 수석대변인은 "(자유한국당의) 황교안 대표 자신은 군대도 가지 않았을뿐더러, 아들의 군대 보직 특혜, 취업 특혜, 증여 문제에 대해 말도 안 되는 변명으로 일관하고 있고 관련된 의혹도 해소되지 않고 있다"고 맞불을 놓았다. "나경원 대표 일가의 홍신학원에 대한 사학비리 의혹과 본인 자녀의 입시 의혹 등에 대해 지금까지 뚜렷한 해명을 한 적도 없다"며 "최소한 두 사람은 조국 후보자 자녀의 의혹에 대해 입이 열 개라도 할 말이 없다"라고 주장했다.

민주당 지지자들은 조국 자녀들의 입시비리 의혹 보도 기사마다 "나경원 입시의혹은?"이라거나 '편파 보도를 일삼는 기레기'라고 댓글을 달고 다녔다. 정경심이 유죄 선고를 받고 법정 구속이 되어도 지지자들의 댓글 공격 기세는 꺾이지 않았다. 지지자들의 댓글 공격은 비단 〈조선일보〉, 〈중앙일보〉, 〈동아일보〉와 같은 전통적 보수성향 언론에 국한하지 않았다. 〈한겨레〉나 〈경향신문〉도 예외가 될 수 없었다. 조국사태 초반에 사모펀드 관련 취재 기사를 충실히 냈던 〈한겨레〉는 집중적인 댓글 테러의 대상이 되었다. 친노진영 지지자들은 '놈현 관 장사'

라고 했던 〈한겨레〉에 대한 포한을 풀지 않고 있었다.[20]

법무부 장관으로 지명된 지 2주 뒤인 8월 23일 조국은 2분 43초짜리 짧은 기자회견을 열었다. 정경심 교수와 자녀들의 명의로 되어 있는 펀드를 공익법인에 모두 기부하겠다는 약속과 웅동학원 이사장인 모친이 이사장직에서 물러나고 가족 모두 웅동학원과 관련된 일체의 직함과 권한을 내려놓겠다고 약속했다. 딸 조민 관련 의혹에 대해서는 언급이 없었고 기자들의 질문에도 답하지 않았다. 사퇴여론에 대한 답변이었다.

그날 밤부터 고려대 학생들은 조민의 입학비리 진상규명을 요구하는 촛불집회를 시작했다. 조국 가족에 대한 의혹은 국민의 역린을 건드렸다. 사람들은 사회적 특수계급의 네트워크가 어떻게 기회를 독점하고, 과정의 공정을 훼손하며, 사회적 지위를 세습하는지 봤다. 드라마가 아니라 현실에서 본 것이다. 그는 다른 누구도 아닌 정의롭고 공정한 사회를 위해 힘쓰는 도덕

---

20 〈한겨레〉는 2010년에 '한홍구–서해성의 직설'이라는 코너에서 천정배 민주당 의원과의 대담 글에 "DJ 유훈통치와 '놈현' 관 장사를 넘어라"라는 제목을 달았다가 독자들의 반발이 빗발치자 사과문을 낸 적이 있다.

군자 같은 메시지를 쏟아내던 진보의 아이콘 아니었던가. 노력하면 원하는 지위에 오를 수 있다는 사회의 상식이 실제는 허구적인 약속에 불과했다는 걸 확인한 청년들은 분노했다. 부모 세대는 자식들에게 미안해서 무력하고 허탈했다. 대부분 그랬다. 대부분 그런 반응이었어야 했다.

그러나 사람들이 선 땅은 조국사태가 일으킨 지진으로 급속히 두 쪽으로 갈라지고 있었다. 민주당과 그 지지자들은 상처받은 사람들의 심기를 끊임없이 건드렸다. 그들은 조국 후보가 매를 맞으면서 사력을 다해 여론을 누그러뜨리려 하는 노력을 쓸모없이 만들며 여론에 기름을 붓고 있었다. 민주당과 그 지지자들은 조국 일가의 스펙 품앗이는 그 당시 입시 시스템에서는 누구나 행하는 관행이었다는 옹호 논리로 사람들의 분노를 자극했다. 선동가들은 세상의 도덕과 상식의 기준 축을 물구나무 세우기 시작했다. 조국을 낙마시키면 문재인 정부의 검찰개혁을 좌초시키려는 자유한국당과 언론과의 전투에서 패배하는 것이며, 검찰개혁도 실패하고 문재인 정부도 망한다는 선동이 시작되었다.

조국 일가는 무고하다는 지지자들의 주장과는 달리 조국과 정경심, 사모펀드 코링크PE의 실질 운영자인 5촌 조카 조범동, 웅동학원 채용비리의 동생 조권은 모두 기소되었다. 아직 재판

중인 조국 이외에는 모두 유죄 판결을 받았다. 2020년 6월 30일, 자본시장법 위반 등 혐의로 기소된 조범동에게 징역 4년 및 벌금 5,000만 원이 선고되었다. 조권은 2020년 9월 18일, 웅동학원 채용비리로 유죄 판결을 받았다. 재판부는 징역 1년을 선고하고 1억 4,700만 원의 추징을 명령했다. 당초 구속기소 됐다가 보석으로 풀려났던 조권은 이날 법정구속됐다. 그러나 2019년 8월 당시까지는 터진 하수관에서 쏟아지는 물처럼 의혹 보도가 난무했다. 어디까지가 사실 보도이고 어디부터가 부풀려진 의혹인지 가늠하기 어려웠다. 아직은 불법과 합법을 가릴 수 없었다. 게다가 사모펀드의 세계는 법조인들에게조차 생소했다.

그때까지는 조국이 사회가 공직자에게 요구하는 윤리를 위반한 것으로만 보였지만 범죄가 아니라 해도 조국이 법무부 장관으로 임명되는 것은 부당했다. 부모의 지위와 엘리트층 네트워크를 활용한 스펙 품앗이, 학사 경고를 받은 조민이 장학금을 받은 것, 웅동학원이 수십억 원의 기술보증기금 구상금 채무를 변제하지 않은 것, 모두 '사실'이었다. 사모펀드에 가입한 고위 공직자도 그 이외에는 없었다. 이런 도덕적 윤리적 흠결에도 사퇴하지 않고 버티는 장관 후보자는 유례가 없었다. 박근혜 정부에서도 공직자 후보의 자녀 교육을 위한 위장전입은 비난 사유가 됐고, 국무총리 후보는 "일본의 식민지 지배와 남북 분단은 하나님의 뜻"이라는 역사관 때문에 낙마했다. 이번에는 계급과 계층이 세습되는 사회, 기회의 불평등, 민주화 세대 엘리트층의 위선이 만천하에 드러난 것이다.

가시면류관을 쓴
조국

  조국 지명자의 딸 조민에 대한 첫 사과는 2019년 8월 25일에
나왔다. "젊은 시절부터 정의와 인권에 대한 이상을 간직하며
학문 및 사회활동을 펼쳐왔고, 민정수석으로서는 권력기관 개
혁에 전념했습니다. 그러나 지금은 제 인생을 통째로 반성하며
준엄하게 되돌아보아야 하는 상황이 되었습니다. '개혁주의자'
가 되기 위하여 노력했지만, 아이 문제에는 불철저하고 안이한
아버지였음을 겸허히 고백합니다. 저의 불찰로 지금 많은 국민
들에게 꾸지람을 듣고 있고, 제 인생 전반을 다시 돌아보고 있
습니다"는 말은 조국 부모의 마음에 감정이입을 할 만반의 준비
를 하고 진심 어린 사과를 기다리던 지지자들의 마음을 아프게

했다. 조국은 자세를 한껏 더 낮추면서 다짐했다. "성찰하고 또 성찰하여 저의 부족함을 메꾸기 위해 국민의 목소리를 새겨듣고 저 자신을 채찍질하겠습니다. 하지만 권력기관 개혁이라는 문재인 정부의 핵심 국정과제를 이행하라는 국민의 뜻과 대통령님의 국정철학은 반드시 지켜져야 합니다."

조국의 다짐은 지지자들에게 '조국수호가 검찰개혁'이라는 마법같이 신비로운 주문이 되었다. "개인 조국, 국민들의 눈높이에 부족한 점도 많습니다. 그렇지만 심기일전하여 문재인 정부의 개혁 임무 완수를 위해 어떤 노력이든 다하겠습니다. 저와 제 가족이 고통스럽다고 하여, 제가 짊어진 짐을 함부로 내려놓을 수도 없습니다." 조국은 문재인 정부의 검찰개혁이라는 십자가를 짊어졌다. "제가 지금 할 수 있는 최선은 국민들께서 가진 의혹과 궁금증에 대해 국민의 대표 앞에서 성실하게 모든 것을 말씀드리고 국민들의 판단을 받는 것이라 생각합니다." 지지자들은 조국에게서 가시면류관을 쓰고 로마 병사들에게 채찍질을 당하는 예수의 숭고함을 찾아냈다.

조국의 2019년 8월 25일 회견문은 자신은 문재인 정부와 검찰개혁이라는 십자가를 내려놓을 수 없다는 종교적 천명이었다. 조국을 수호하는 것이 검찰개혁이니, 이 전쟁을 수행해달라는 요청이자 전선의 명시였다. 조국이 그은 선은 마치 애치슨 라인 같았다. 미국 극동 방위선을 오키나와와 필리핀을 연결하는 라인으로 후퇴시켜 한반도를 방위선에서 제외한 애치슨 라인. 집권여당은 애치슨 라인으로 군대를 이동시켰고, 이동하며 애치슨 라인 밖의 공직자윤리, 기회의 평등, 과정의 공정, 결과의 정의는 포기했다. 병사들은 참호를 파고 조국수호와 검찰개혁의 깃발을 높이 치켜들었다. 검찰개혁은 원하지만, 조국을 수호할 수 없어서 애치슨 라인 안으로 따라가지 못한 사람들은 버려진 평등과 공정과 정의의 가치들 더미에 휑뎅그렁하게 남았다.

나는 애치슨 라인의 담장을 뛰어넘지 못하고 비스듬히 기대선 채 이 모든 의혹을 해명할 수 있도록 인사청문회 기회를 달라고 요구했다. 조국을 사퇴시켜 가족에게 돌려 보내주지 않는 문재인 대통령이 야속했지만, 문재인 대통령이 조국을 놓지 않는다면 먼저 포기할 수는 없는 노릇이었다. 아직, 나는 조국을 지키고 싶었다. 조국을 검찰개혁의 적임자로 선택한 문재인 대통령의 뜻을 지지하고 싶었다. 문재인 정부의 검찰개혁이 성공하길 바라는 마음이 검찰이 조국 일가의 비리 의혹을 밝혀주길 바라는 마음과 충돌하고 갈등을 일으켰다. 조국 일가의 사모펀드 투자가 정상적이지 않다는 의심이 커갈수록 검찰이 사모펀드와 입시비리 의혹을 제대로 수사해주길 바라는 마음도 커졌다.

검찰의
압수수색

　검찰이 전격적으로 움직였다. 고발 접수된 지 일주일 만이었다. 2019년 8월 27일, 서울중앙지검 3차장 산하의 특수2부(부장검사 고형곤) 등 특별수사부서 검사와 수사관들이 조국 가족 의혹이 제기된 곳에 대거 투입되어 압수수색을 실시했다. 조국 가족이 가입한 블루펀드가 지분을 매입한 웰쓰씨앤티 본사와 채용비리 등 의혹의 웅동학원, 조국의 딸 조민이 한영외고 때 논문 제1저자로 등재된 단국대와 인턴활동 허위 의혹이 제기된 공주대, 장학금 의혹과 인턴활동 허위 문제가 불거진 서울대 환경대학원, 부산대 의전원 등 20여 곳을 동시다발로 압수수색했다.

윤석열 검찰총장의 재가 없이는 불가능한 압수수색이었다. 윤석열 총장의 선택 폭은 좁았다. 터져 나오는 의혹에 대한 고소·고발이 들어왔는데 수사하지 않을 수 없었다. 코링크PE 관련자 네 명이 해외로 도피해서 증거인멸 위험도 컸다. 수사를 지연시키면 법적인 추궁을 당할 수도 있었다. 세상의 관심이 온통 집중된 사건인데, 장관 임명 뒤로 수사를 미뤄서 대충 얼버무려 덮으려면, 윤석열 검찰총장이 검사의 양심과 명예를 팔아야 했다. 검찰의 위신도 바닥으로 추락할 것이다.

법무부 장관 후보자에 대한 전례 없는 압수수색으로 나라는 벌집을 쑤셔놓은 듯했다. 여당은 패닉에 빠졌다. 청와대는 "특별히 할 말이 없다"며 입을 닫았다. 민주당 일각에서는 정치권이 난항 끝에 인사청문회를 열기로 합의했는데, 바로 다음 날 이뤄진 압수수색은 대통령 임명권에 대한 윤석열 총장의 항명이라고 했다. 검찰개혁을 저지하기 위한 '검찰쿠데타'라는 말도 나오기 시작했다.

지지자들도 빠르게 움직였다. '조국 힘내세요'라는 키워드를 SNS에 달고 포털 알고리즘을 점령하는 검색어 전투가 시작됐다. 8월 21일에 청와대 게시판에 올라와 있던 '청와대는 조국 법무부 장관 후보자의 임명을 반드시 해주십시오'라는 청원은, 27일에는 50만 가까운 동의를 받았다.

조국에 대한 배신감과 실망으로 문재인 대통령이 후보자 지명을 철회하거나 조국이 자진 사퇴를 해서 악화 일로의 여론을 잠재워야 한다고 생각하던 사람들도 검찰의 수사와 문재인 정부의 검찰개혁 성공 중에서 선택을 강요받는 곤혹스러운 처지에 놓였다. 나는 생각과 마음을 정리해서 8월 29일에는 '저는 조국 후보자를 지지합니다'라는 제목의 글을 선언문 형식으로 올렸고, 다음 날인 30일에는 '성역 없는 수사를 하되, 인사청문회 이후 검찰이 개입했어야 마땅했다'는 내용의 글을, 페이스북에 올리기도 했다.

문재인 대통령이 조국을 검찰개혁의 적임자로 여겨 붙잡고 있다면 물러날 수 없는 싸움이었다. 그러나 검찰 수사도 방해받지 않아야 했다. 검찰은 자본시장법 위반과 횡령, 배임 등의 혐의로 고소·고발된 조 장관 5촌 조카 조범동, 조 장관 일가의 펀드를 설계한 것으로 알려진 코스닥 상장사 더블유에프엠의 우국환 회장, 펀드 운용사인 코링크프라이빗에쿼티(PE) 이상훈 대표 등이 해외로 도피했다는 사실을 확인하고, 신속한 증거확보를 위한 압수수색에 돌입한 것이다. 검경수사권 조정안이나 공수처법은 검찰의 중립성을 위한 개혁안이었다. 검찰의 정치적 중립은 지켜져야만 하는 것이다.

역모와
충정

압수수색이 실시된 다음 날인 8월 28일 오후, 인사청문회 준비단 사무실이 꾸려진 종로구 적선현대빌딩에 진을 치고 대기하던 기자들 앞에 조국 후보가 나타났다. 그는 며칠 앓은 사람처럼 병색마저 감돌았지만, 메시지는 신중하고 차분했다. 검찰에 대한 적의는 드러나지 않았다. 서운함도 표시되지 않았다. "인사청문회를 앞두고 검찰 수사가 개시돼 당황스럽다"고만 했다. "그동안 과분한 기대를 받았음에도 그에 철저히 부응하지 못한 점에 대해 다시 한번 송구스럽다"며 자세를 낮췄지만 "(가족 관련 의혹들이) 향후 형사 절차를 통해 밝혀지리라 기대하고 있다"며 "저는 담담히 인사청문회 준비에 응하도록 하겠다"고

했다. 조국이 겸손하고 낮아질수록 검찰개혁의 희생자로 비춰졌고, 검찰은 무고한 자를 핍박하는 강한 권력자로 보였다.

윤석열 총장의 의중은 정확히 알기 어려웠다. 인사청문회를 앞둔 법무부 장관 후보를 압수수색한 전례는 없었다. 김민웅 교수와 같은 지식인들이 '윤석열 총장이 음험하고 무엄하게 대권의 용꿈을 꾸고 있다'며 분노를 쏟아내기 시작했다. 진보진영의 집단적 패닉은 '검찰 쿠데타에 맞서 조국을 수호하고, 윤석열을 몰아내서 검찰개혁을 완수하자'는 열정으로 전환됐다.

검경수사권 조정안과 공수처법 통과를 앞둔 검찰의 전격적인 강제수사는 윤석열 총장 개인과 검찰 전부의 명운을 거는 일이었다. 확실한 혐의를 포착한 것이라면, 검찰의 능력을 확인하고 부패수사 능력을 입증하며 검찰의 특수수사권 존치 필요성을 확인받을 것이다. 공수처 설치 여론에 일정한 제동을 걸 수도 있다.

그러나 조국 후보를 구속할 수 없거나 적어도 명백한 혐의를 입증할 수 없다면, 검찰의 압수수색은 검찰개혁에 저항하는 쿠데타가 될 수 있다. 윤석열 총장의 선택은 위험한 도박처럼 보였지만 도박이라면 판돈이 너무 컸고 위험했다. 내게는 윤석열 총장이 대권을 염두에 둔 도박을 할 사람이라고 보이지 않았다. 확실한 물증이나 적어도 범죄가 확실하다는 심증을 갖고 검찰의 생리대로 움직이는 것으로 보였다.

압수수색 다음 날 CBS 〈김현정의 뉴스쇼〉에 출연한 권영철 기자는 윤석열 총장이 "이러다가 정권이 위험해지는 것 아닌가"라고 말했다는 주변인의 말을 전했다. 윤석열 총장은 문재인 정부에 대한 충정으로 행동하고 있다는 것이다.

집권여당과 대통령 지지율은 급락 중이었다. 문재인 대통령이 조국 장관 임명을 강행한다면 문재인 정부는 "기회는 평등하고, 과정은 공정하며, 결과는 정의로울 것"이라는 국민과의 약속을 배반하는 것이었다. 가족 전부가 검찰의 수사를 받는 법무부 장관은 검찰개혁을 무리 없이 수행하기도 어렵다. 검찰 수사권을 축소하는 개혁안은 조국 일가 수사를 방해할 목적이라는 혐의를 받을 것이다. 수사에 개입하지 않는다고 해도 법무부 장관의 존재 자체가 수사에 부담이고 압박이다.

일가 전체가 수사 선상에 올랐다. 문재인 대통령의 충직한 참모라면, 촛불정부의 성공을 염원하는 사람이라면, 검찰개혁이 더 이상의 혼란 없이 진척되길 원한다면, 일가의 의혹이 연일 언론에 오르내리며 문재인 정부의 지지율을 급락시키는 상황을 책임지고 사퇴해야 마땅했다. 모든 걸 떠나서 딸의 학력 문제를 언론이 저 정도로 난도질하는 상황을 견딜 아버지는 없었다. 조국 후보는 물러나야 했다.

사퇴하지 않고 버티는 이유는 단 하나뿐이 없었다. "저와 제 가족이 고통스럽다고 하여, 제가 짊어진 짐을 함부로 내려놓을 수도 없습니다." 조국은 기자회견에서 문재인 대통령이 후보 사퇴를 허락하지 않는다고 말하는 것처럼 들렸다. 그러나 조국은 대통령에게 사퇴 의사를 밝히지 않았다. 조국 후보가 단 한 번도 사퇴 의사를 표시한 적이 없었다는 사실을 나는 임명 다음 날 알게 되었다.

김어준의 뉴스공장과
유시민

유시민은 문재인 정부 들어서서 노무현재단 이사장으로 부임했다. '어용 지식인'을 자처하며 노무현재단 유튜브 방송 〈알릴레오〉를 통해 정부 정책을 해설하면서 비교적 조용히 지내던 유시민이 검찰의 전격적인 압수수색 이틀 후 〈김어준의 뉴스공장〉에 출연했다. 김어준이 유시민에게 지원을 요청한 것이다.

2019년 8월 29일 TBS 라디오 〈김어준의 뉴스공장〉에 출연한 유시민은 조국 반대 서울대 촛불집회 시위 뒤에 "자유한국당 패거리들의 손길이 어른거린다"고도 했다. "불이익이 우려될 때 익명으로 시위를 하는 것이다. 진실을 위해 싸운다면 마스크 쓰지 말고 시위하라"고도 했다. 유시민은 "잠시 쉬고 있는데 누군

가 자꾸 광야에서 부르고 있다"며 "유시민이 입 닫고 있으니 조
국은 끝났다고들 해서 나왔다"고 했다. 유시민은 조국 가족 의
혹에 분노하는 사람들의 심리를 샤덴프로이데Schadenfreude 심리
로 규정했다. 조국을 비판하는 이들이 자신의 쾌감과 행복을 위
해 또 스스로 자존감을 회복하기 위해 조국의 불행을 이용하고
있다는 것이다.

　그리고 기득권을 옹호하는 언론이 완벽해 보였던 조국의 사
소한 허점을 부풀리는 집단창작으로 조국을 죽이려 한다는 것
이다. 유시민은 노무현 트라우마를 자극했다. "나는 무서워요.
이제 사람들이 말을 안 하게 돼요. 누구도 완벽하지 않거든요.
항구적으로 부당한 기득권 위에서 헌법 위에 군림하는 자들에
대해 감히 도전하는 자가 없어져요. 이런 식의 죽음을, 생물학
적 죽음까지 맞이한 사례들이 많이 있잖아요. 그게 반복되고 있
거든요."**21**

　유시민은 진보진영에 대한 오래 묵은 악감정도 가감 없이 드
러냈다. "지식인들은 조국을 편드는 말을 하면 같이 돌을 맞으
니까 입을 닫고 있어요. 이때 같이 돌을 던져서 나는 면제를 받
아야겠다고 하는 진보진영 사람들은 살짝 돌을 던지며 '나는 달

---

21 「조국 '이틀 청문회' 집중 분석! (유시민)」, 〈김어준의 뉴스공장〉(2019.08.29.)

라!'라고 위안을 얻는 거예요." 진행자 김어준은 "나는 우리 편이라고 봐주는 사람 아니고 대단히 객관적이고 정의로운 사람이라고 말하며 기회를 보는 것이다"라고 맞장구쳤다.

유시민이 조국대전 전면에 등장했다. 나쁜 신호였다. 유시민은 사람들의 감성을 자극해서 자신이 속한 집단은 선하고 정의롭고, 상대 세력은 악하고 부정의하다는 확신을 갖게 하는 데 특출한 재주가 있었다. 개혁당, 열린우리당, 국민참여당, 통합진보당 등 그가 거쳐온 정당마다 깨지고 갈라져서 서로를 극렬히 증오했다. 김어준도 유시민의 논리적이고도 감성적인 선동력을 조국대전에 활용하고 싶었을 것이다.

유시민의 이날 방송은 대중선동술의 모범사례 같았다. 기득권 음모론, 비극적 신화의 차용, 피해자 서사, 악에 대한 증오의 열정, 배신자에 대한 응징, 집단의 결속. 이 노련한 선동가는 노무현 트라우마를 소환하고 지지자들의 감정과 정서를 자극해서 생길 결과를 정확히 알고 있었다. 사실과 법적 판단이 필요한 이성적 논증 영역인 언론 검증과 검찰 수사를 선과 악이 싸우는 투쟁의 전장으로 바꾼 것이다.

기자간담회

국회 법제사법위원회는 2019년 8월 30일 조국 가족 등 청문회 증인 채택을 합의하지 못하고 개의 1분 만에 산회했다. 국회 인사청문회는 상임위 전체회의에서 청문회 실시 계획서를 채택해야 열 수 있다. 주말 사이에 상임위가 개최되지 않았고, 여야가 합의한 월요일인 9월 2일부터 이틀간 열기로 한 인사청문회가 무산됐다. 주말을 기다려도 물밑 협상 소식은 들려오지 않았다.

9월 1일 일요일 오후에 나는 페이스북에 글을 올렸다. "우리 정부에 대한 애정이 담긴 쓴소리에 많은 영감을 받고 있습니다"라며 감사하다는 메시지를 종종 보내왔던 이광철 행정관이 실시간으로 내 페이스북 글을 보고 있는 걸 알고 있었다.

"자한당의 속셈은 너무 빤하다. 가족 증인 채택을 빌미로 청문회 보이콧의 책임도 상대에게 떠넘기고, 어떡하든 후보자에게 해명의 기회를 절대 주지 않고 근거 없는 의혹 제기로 끌 수 있는 데까지 끌고 가겠다는 것이다. 조국 후보자가 청문회장에서 합법적 불평등 구조를 누린 불철저함을 사과하면서 허위의 의혹임을 낱낱이 해명하면 여론이 어떻게 될지 자신할 수 없고 겁나는 거다. 국민들도 지치고 피곤하다. 내일이나 모레라도 준비되는 대로 국민청문회든 다른 방식이든 후보자에게 해명의 기회를 주고, 임명 절차를 기다리는 수밖에 없다.

단, 조국 후보자의 법무부 장관 임명은 문재인 정부 집권 이래 가장 위험한 결단임을 자각할 필요가 있다. 20대들의 강력한 반대를 포함하여 아직 찬성으로 돌아서지 않은 민주당 지지자들과 중도층은(*임명반대=반민주당이 아니다), 이 정부가 자신들의 분노와 절망감, 합법적 불평등과 세습 구조를 바꿔달라는 자신들의 요구가 임명 철회로 수용된다고 생각하고 있다. 임명을 강행하면 지지율이 복구되는 데에는 상당한 어려움이 예상된다. 게다가, 만에 하나라도, 만약, 검찰수사 결과 의혹에 상응하는 불법이 확인되면, 지지율 하강은 걷잡을 수 없어질 것이다. 검찰의 압수수색으로 위기감을 느끼고 다시 강하게 결집하고 있는 여당 지지자들도, 조국 후보자의 강단 있는 버팀을 통해 일말의 불안감을 감추고 조국수호에 나서고 있는 것이다.

검찰 수사를 통해 추후에 밝혀질 위법사실이 있다면 이 정부에 타격을 주리라는 것을 누구보다 잘 아는 후보자일 거라는 믿음. 불안을 완전히 떨쳐내기에는 미진한 믿음이지만, 그러나 다른 선택이 없는, 물러날 수 없는 전선. 그러니, 어차피 열어주지 않을 청문회는 포기하고, 국민청문회든 뭐든, 이런 무차별한 난장을 접고 끝을 내자. 그리고 예상되는 지지율 하락에 대한 대응책을 준비하자.

9월 2일 오전, 홍익표 더불어민주당 수석대변인은 국회에서 기자들에게 "조 후보자가 민주당 이해찬 대표와 이인영 원내대표에게 대국민 기자회견을 통한 소명 절차를 밟을 수 있도록 협조 요청을 해왔다"면서, 조 후보자 입장을 반영해 대국민 기자간담회를 실시하도록 최대한 협조하겠다"고 밝혔다.

그날 오후 3시 국회 246호에서 무제한의 대국민 기자간담회가 열렸다. 지상파와 공중파 방송, 인터넷 방송들이 11시간 동안 이어진 기자간담회를 생중계했다. 급하게 잡힌 일정 때문인지 기자간담회에 경륜 있는 기자들은 잘 보이지 않았다. 사모펀드와 입시비리 및 웅동학원 비리 의혹을 정확히 꿰뚫고 질문한 기자들은 많지 않았다. 질문은 피상적이고 반복됐다. 그럼에도 이날 조국 후보의 기자간담회 답변들은 이후 그의 발목을 잡는 기록이 되었다.

조국 후보자는 단국대 의학논문 제1저자 등재 사실을 자세히 몰랐고 인사검증 과정에서 확인했다고 답변했다. 단국대 장영표 교수의 전화번호도 모르고 장 교수의 아들이 서울대 공익인권법센터 세미나에 참석한 것도 고교 동아리가 센터 행정실에 연락해서 간 것이라고 했다. 며칠 후 장 교수 아들은 조국 교수가 직접 전화해서 세미나에 참석하라고 했다고 언론에 확인해주었다.[22] 정경심의 재판과정에서는 공익인권법센터 스펙 품앗이 관리를 조국 본인이 했다는 게 드러났다. 검찰은 조 전 장관이 2008년 딸과 장영표 교수에게 직접 보낸 이메일을 공개했다. 이메일에는 "내가 내년 상반기 중 아시아지역 사형 현황에

---

22 「단국대 교수 아들 "조국이 세미나 참석하라고 직접 전화"」, 〈채널A〉(2019.09.25.)

대한 국제 심포지엄을 개최할 것인데 여기에 두 사람이 인턴십 활동을 하도록 조치할 것이니 이 점 고려하길 바랍니다"라는 내용이 담겼다.[23] 단국대 장영표 교수를 모른다고 한 말도 장 교수 아들이 고교 동아리를 통해 세미나에 참여했다는 말도 모두 거짓이었다.

조국은 7대 허위 스펙에 대한 기자들의 질문이 반복되자 감정을 드러냈다.

"어느 언론사인지 모르겠지만, 제 집 앞은 괜찮다. 그런데 딸아이 혼자 사는 집 앞에 야밤에는 와주지 말아달라. 입장을 바꿔서 생각해보라. 저희 아이가 벌벌 떨면서 안에 있다. 그렇게 생활해야 하는 게 맞나. 부탁드린다. 언론인 여러분께 정말 이건 부탁드린다. 저를 비난해달라. 제가 감정적으로 약간 욱해서 미안하다. 제가 억눌려 있던 게 있어서 감정적으로 흔들렸던 것 같다."

지지자들은 당장 조민의 집에 방문한 기자를 색출하기 시작했고, 기자간담회에 참석해 질문을 던진 기자들의 SNS나 기사에 댓글로 폭언과 욕설을 했다.

조국 후보의 딸에 관한 해명은 일관됐다. "아무리 당시에 적

<hr />

23 「"장교수 아들 이름도 모른다"던 조국, 메일엔 "인턴십 조치"」, 〈중앙일보〉 (2020.09.03.)

법이고 합법이었다 하더라도 그것을 활용할 수 없었던 사람에 비하면 저나 저희 아이는 혜택을 누렸다고 생각한다." 흙수저들이 접근할 수 없는 기회를 활용한 점을 사과했지만, 적법과 합법의 선을 넘어 불법을 자행한 바는 없다고 주장한 것이다. 그러나 정경심 제1심 재판부는 7대 허위 스펙이 모두 불법이라고 판단했다.

정경심 교수 혐의별 1심 판단

	혐의	내용	1심
자녀 입시 비리	❶ 사문서위조	딸의 동양대 표창장 위조	유죄
	❷ 업무방해	동양대 총장 표창장 등 활용해 서울대 의전원 입학사정 업무 방해	유죄
	❸ 위계공무집행방해	동양대 총장 표창장 등 허위 경력 제출해 부산대 의전원 입학사정 업무 방해	유죄
	❹ 허위작성공문서행사	서울대 공익인권법센터 및 공주대 생명과학연구소 등 허위 경력 서류 제출	유죄
	❺ 위조사문서행사	단국대 의과학연구소 및 KIST 분자인식연구센터 등 허위 경력 서류 제출	유죄
	❻ 사기 ❼ 보조금 관리법 위반	허위 인건비 명목 교육부 보조금 320만원 편취	유죄
사모펀드 비리	❽ 업무상횡령	코링크PE와 허위 컨설팅 명목 약 1억5700만원 지급 받음	무죄
	❾ 자본시장법(거짓 변경보고)	출자 약정 금액을 금융위원회에 거짓으로 보고	무죄
	❿ 자본시장법(미공개정보이용)	조국 5촌 조카로 미공개정보 전달받고 WFM 주식 사들여 시세차익	일부 유죄
	⓫ 범죄수익은닉법 위반	미공개 정보 이용 주식 거래	일부 유죄
	⓬ 금융실명거래법 위반	차명계좌 이용해 입출금 등 금융거래	일부 유죄
증거 조작	⓭ 증거인멸교사	압수수색 대비해 코링크PE 직원들에게 사무실 내 관련자료 인멸 지시	유죄
	⓮ 증거위조교사	운용현황보고서 위조 지시	무죄
	⓯ 증거은닉교사	자산관리인에게 자택 하드디스크 등 은닉 지시	무죄

1심 징역 4년 벌금 5억원

자료: 서울중앙지법
20.12.23 안지혜 그래픽기자 hokma@newsis.com
NEWSIS

출처 : 〈뉴시스〉(2020.12.23.)

CBS 기자가 사모펀드 의혹에 관한 질문을 먼저 던졌다. "사모펀드 논란이 심화되는데 투자한 경위, 사모펀드 실소유주가

5촌 조카라는 것에 대한 해명해달라"고 하자, 조국은 "민정수석후 주식에 투자하는 것은 좋지 못하다는 이야기를 들은 후, 그러면 펀드에 투자하는 것은 괜찮은지 공식적으로 질문했고, 그에 대해서 공식적으로 괜찮다는 답을 얻었다"고 말했다.

"분명히 말하는 건 저는 물론 제 처든 사모펀드 구성과 운영 등등의 과정에서 알 수가 없었다. 따라서 관여도 하지 않았다. 이 점은 문제의 사모펀드 회사가 공식적 입장을 발표한 바 있다. 그 보도자료를 봐주시면 좋겠다"[24]며 준비한 자료를 제시했다. "실제로 보고서를 찾아봤는데, 본 펀드의 방침상 투자대상에 대해서 알려드릴 수 없다고 돼 있고 상세한 내용에도 어디에 투자했는지 자체가 적혀 있지 않다. 그게 이른바 블라인드 펀드. 이 블라인드 펀드라는 말 자체를 이번에 알았는데, 운용상 어디에 투자되는 것인지를 투자자에게 알려주지 않도록 설계돼 있고 그것을 알려주면 불법인 것이다. 따라서 모를 수밖에 없는 거다."

조국 후보는 실제로 보고서를 찾아봤다고 했지만, 청문회에서 제시한 운용보고서는 투자 당시에 조국 가족에게 제시된 자료가 아니었다. 인사청문회 준비를 위해 정경심이 코링크PE 관

---

24 「조국 법무장관 후보자 기자간담회 주요 답변요지-2」, 〈연합뉴스〉(2019.09.02.)

계자를 시켜서 급조한 자료였다.[25] 조국은 블루펀드의 자금이 어디에 투자되는지 알 수 없는 블라인드 펀드라서 자신들은 몰랐다고 설명하는 데 공을 들였다. 공직자윤리법상 간접투자인 블루펀드 투자금은 백지신탁 의무가 없었다.

2017년 7월 조국 일가가 코링크PE가 운용하는 블루펀드에 14억 원을 투자할 당시에 정경심은 사전에 투자설명회에 참여했다. 블루펀드에 투자되는 자금이 서울시 와이파이 사업권을 따내려고 뛰어든 웰스씨앤티에 투자되었다가 이차전지 사업체인 아이에프엠(IFM)으로 재투자될 예정이라는 투자 경로를 설명 듣고 투자한 것이었다.

블루펀드에 들어갔던 자금 중 10억 원은 코링크PE가 사들인 회사 더블유에프엠(WFM)의 인수자금으로 사용됐다. 코링크PE가 WFM을 사들일 때(투자할 때) 정경심은 자산관리인 김경록 PB에게 피투자사 WFM에 대해 상세히 물었다. 정경심은 WFM에서 월 200만 원씩 자문료도 받았다. 블라인드 펀드라서 투자처를 모른다는 말은 거짓말이었다.

---

25 「"급조된 보고서 초안, 코링크 관계자가 조국에 직접 전달"」, 〈동아일보〉(2019.09. 20.) : 정경심의 1심 재판부는 정경심이 코링크PE 관계자에게 관련 자료를 삭제하라고 지시한 것은 증거인멸에 해당한다고 보았고, 보고서의 구체적 내용까지 지시했다고 인정하기는 어렵다는 이유로 운용보고서 작성 행위가 증거인멸교사죄에 해당한다고 보지 않았다.

조국은 가족이 코링크PE에 투자한 10억 원에 대해서는 간단한 설명으로 넘어갔다. 코링크PE는 사모펀드(PEF) 4개(레드펀드, 블루펀드, 그린펀드, 배터리펀드)를 운용하는 주식회사이다. 정경심은 2015년 12월 사모펀드 운용사인 코링크PE에 5억 원을 투자하고 2017년 2월에 추가로 3억 원을 투자해서 총 8억 원의 지분 보유자였다. 10억 원 중 2억 원은 정경심 동생 정광보의 지분이었다.

코링크PE의 초기 설립 자본금 1억 원 중 8,500만 원이 조국의 계좌에서 나갔다. 10억 원 지분 모두 정광보 명의의 차명 투자였다. 조국 후보는 "지금 문제의 처남도 제 돈을 빌려서 0.99%인가의 지분을 갖고 있다"고 했다. 자신은 자세한 경위는 잘 모르며, 검찰수사를 통해 밝혀질 것이라고 답했다. 재산신고

조국 전 법무부 장관 (지난 9월 2일)
문제의 처남도 제 돈을 빌려서 (사모펀드) 0.99%의 지분을 갖고 있다고 합니다. 그 자체도 이번 기회가 알게 되었는데

등록의무를 부담하는 공직자는 보유하는 주식을 백지신탁해야 한다. 조국은 민정수석 취임 후 코링크PE에 투자한 10억 원을 백지신탁하지 않았고, 공직자윤리위원회에 정광보와 조카 조범동의 처 이은경에게 대여했다고 허위로 신고했다.

"지금 문제의 처남도 제 돈을 빌려서 0.99%인가의 지분을 갖고 있다"는 답변에서 체기를 느꼈다. 내게 그 말은 결정적이었다. '제 돈을 빌려서'라니. 코링크PE에 들어간 돈은 조국의 돈이구나. 나는 혼란과 갈등에 휩싸였다. 내가 애써 믿고 싶었던 그 조국이 아니었다. 조국은 연구실에 틀어박혀 자녀 입시나 재테크에는 일체 무심했던 순진한 선비가 아니었다. 정경심이 사모펀드에 투자한 자금의 출처도 정경심이 상속받은 특유재산이 아니었고, 정경심은 투자에 대해 남편과 상의하고 결정했다.

조국 후보의 해명을 더는 믿을 수 없었다. 조범동과 정경심의 사모펀드가 수사에서 혐의를 벗기는 힘들어 보였다.[26] 사모펀드와 입시비리는 문재인 정권에 커다란 걸림돌이 될 것이다. 그

---

26   그 결과물이 『한번도 경험해보지 못한 나라』 제4장, 제5장 사모펀드 부분이다. 2020년 이 책에 담긴 사실관계와 법리판단은 이후 판결로 확인되었다. 2020년 12월 14일에 선고된 정경심의 1심 판결은 소위 7대 허위 스펙 모두를 유죄로 인정했다. 코링크PE에 간 10억 원도 대여가 아니라 투자라고 판단했기에 조국의 재판에서 공직자윤리법 위반 여부에 불리하게 작용할 것으로 보인다. 코링크PE가 경영권을 인수한 WFM의 미공개정보를 얻어서 차명으로 주식을 매입하고 범죄수익을 은닉한 행위도 유죄가 선고됐다. 정경심 재판에 앞서서 조범동은 자본시장 배임 및 횡령 등으로, 조권도 웅동학원 채용비리로 각각 유죄 판결을 받았다.

러나 문재인 대통령이 지명을 철회하지 않는 한 속마음을 드러낼 수 없었다. 그가 거짓말을 하고 있는 것은 확실했지만, 기자 간담회의 해명만으로는 조국의 불법에 관여한 정도를 가늠하기도 힘들었다.

나는 기자간담회 날 이후에 사모펀드와 관련된 기사와 확보할 수 있는 자료들을 엑셀로 정리하기 시작했다. 사모펀드를 제대로 파악해야 광풍에 휩쓸리지 않고 중심을 잡을 수 있기 때문이었다.

동양대 표창장

검찰의 수사 속도는 빨라졌다. 9월 4일 검찰은 단국대 장영표 교수도 참고인으로 소환해 조사했다. 서울대 의대 연건캠퍼스도 압수수색했다. 정경심 교수가 재직 중인 동양대도 압수수색이 들어갔다.

2019년 9월 4일 〈중앙일보〉와 KBS는 최성해 동양대 총장 인터뷰 기사를 내보냈다. 최성해 총장은 조민의 부산대 의학전문대학원 입학전형에 제출된 동양대의 총장 표창장은 "내가 모르는 표창장"이라고 했다. 표창장이 부정발급 또는 위조되었다는 의미였다. 〈조선일보〉는 「조국 아내, 동양대에 "딸 표창장 정상 발급됐다고 해달라" 압력…'허위 총장상' 숨기기 의혹」이라는 제목의 단독 기사를 냈다.

위조 여부를 떠나서 동양대 표창장 논란은 이미 상할 만큼 상한 사람들의 마음을 되돌릴 수 없는 지경으로 만들었다. 엄마가 재직 중인 경북 영주에 위치한 대학의 인턴십 활동에 서울에서 외고를 다니는 딸을 참여하게 하고 총장의 표창장을 받게 해서, 부산대 의학전문대학원에 입학시켜 다른 학생의 기회를 빼앗은 그 살뜰함에 사람들은 환멸을 느끼기 시작했다. 게다가 표창장이 위조되었다니. 고등학생이 어려운 의학 논문의 제1저자로 등재되는 일이 가능하냐는 의혹은 의학적 지식이 어느 정도 전제되어야 판단할 수 있는 사안이었지만, 표창장 위조 여부는 진위 판단이 비교적 쉬웠다. 최성해 총장의 진술이 위조를 뒷받침하는 강력한 증거가 되었다.

이제 표창장 논란은 조국 일가 비리 의혹 논란의 중심에 섰다. 조국 지지자들은 일제히 "고작 표창장 하나"로 멸문지화를 당하는 조국을 수호하기 위한 성전聖戰에 참여했다. 최성해 총장이 우선 공격당했다. 최성해 총장이 자유한국당 인사들과 친분이 깊고, 조국이 최성해의 부탁을 거절했기 때문에 음해한다는 음모론이 퍼지기 시작했다. 동양대 재직 중이던 진중권 교수의 수난도 시작되었다.

9월 5일에 청와대 고위 관계자가 동양대 표창장은 위조되지 않았다는 인터뷰를 했다. 검찰은 즉각 반발했다. "금일 청와대 고위 관계자가 장관 후보자 부인의 표창장 위조 의혹 사건과 관련하여, 위조가 아니라는 취지의 언론 인터뷰를 한 바 있는데, 청와대의 수사 개입으로 비칠 우려가 있는 매우 부적절한 것"이라고 입장을 밝혔다. 청와대와 검찰이 정면으로 충돌하기 시작했다.

인사청문회

2019년 9월 6일 오전 10시부터 국회 법제사법위원회에서 열린 조국 법무부 장관 인사청문회는 다음 날 오전 0시 5분까지 계속됐다. 그날은 동양대 표창장 위조 행위의 공소시효 만료일이기도 했다. 나는 오전 9시 출근 전에 페이스북에 글을 올렸다.

검찰의 조국 후보자와 가족에 대한 수사에는 검찰의 사활이 걸려 있다.

일반 국민의 눈에는 검찰의 조 후보자뿐만 아니라 배우자와 가족 전체에 대한 전방위적 압박수사가 조 후보자 낙마 의도가 개입된 정치적 쿠데타로 보이고, 또 사모펀드에서 별 게 나오지 않으니 애먼 딸 자소서나 캐고 있다고 맹비난을 하고 있지만, 검찰의 수사 진행 상황을 잘 따라가보면, 윤석열 검찰로서도 지금 검찰의 명운을 걸고 원칙대로 수사를 하고 있는 것이다.

딸의 자소서 기재사항인 KIST 인턴십 수료증 발부의 적정성, 동양대 표창장 진위 여부, 해외의료봉사활동 진위 여부 등에 대해 해소되지 않은 의혹이 제기되어 있는 상태이고, 이러한 의혹은 부산의전원 입학의 비리 유무와 직결되어 있는 중차대한 사안이다. 게다가 공소시효가 며칠밖에 남지 않았기에, 별것도 없이 딸을 탈탈 털어 자진 낙마시키려는 정치적 의도라는 세간의 비판과는 다른 검찰의 사정이 있는 것이다.

결과가 어떻든, 무혐의든 기소든, 전방위적 압수수색을 진행시키며 수사의 속도를 높여 빠르게 진척시키지 않을 수 없는 상황이 펼쳐진 거다. 이런 상황은 검찰로서도 검찰의 명운을 걸지 않을 수 없는 대단한 부담이다. 왜냐하면 수사의 부실이나 결과 여부에 따라 검찰의 권력이 결정될 가능성이 높아지기 때문이다.

검경수사권 조정안의 핵심은 경찰에게 1차 수사종결권을 부여하는 것인데, 검찰청법 개정안에서는 검사가 수사를 개시할 수 있는 범위를 '대통령령'으로 정하도록 하고 있다. 패스트트랙으로 상정된 검찰청법 개정안이 통과되면, 검찰의 특수수사권 범위는 실질적으로 법무부 장관과 대통령의 손에 달리게 되는 것이다.

이런 상황에서 부실한 수사로 유죄 판결을 받아낼 자신도 없이 함부로 기소를 한다? 검찰 특수수사권 전부를 빼앗길 수도 있는데? 공수처법 통과도 예정된 상황에서? 나중에 공수처에 의해 수사부실 여부가 다 들춰질 가능성도 생기는데? 조국 후보자를 낙마시켜도 어차피 검경수사권 조정안과 공수처법 통과 가능성은 매우 높은데?

나는 검찰의 조 후보자와 가족들의 수사가 철두철미하게 원칙대로 진행될 거라고 본다. 이는, 윤석열 총장을 믿어서가 아니라, 윤 총장 이하 검찰의 조직보호 본능을 믿는 거다.

조 후보자의 실력과 진정성은 이미 11시간 동안 확인한 바 있다. 어리고 미숙한 기자들보다 더 저급하고 악랄한 자한당과의 비교 속에서 더 빛날 것이니, 인사청문회는 별걱정이 없다.
다만, 공소시효 문제가 걸려서 오늘내일 중으로 별별 일이 다 벌어질 수도 있는데, 설령 그렇더라도 놀라지 말고, 검찰 수사에 대해 과도한 압박과 비난은 자제하면서, 수사상 피치 못할 절차로 받아들이고 차분히 결과를 지켜보았으면 좋겠다. 그러나, 아마도 그런 상황이 발생하면, 마음의 준비도 별무소용이여서 나라가 온통 다 발칵 뒤집힐 테니, 검찰도 오늘은 자제하지 않을까 기대도 해본다.

글을 올리자마자 조국 후보자가 동양대 최성해 총장에게 전화를 했다는 기사를 알려주는 댓글이 달렸다. 믿기 힘들었지만 사실이었다. 최성해 총장은 언론 인터뷰를 통해 정경심 교수가 '거짓 증언'을 청탁하는 전화를 해왔고, 통화 말미에 조 후보자와도 통화했다고 주장했다. 최 총장은 조국 후보가 "그렇게(총장이 정 교수에게 표창 수여 권한을 위임했다고) 해주면 안 되겠냐. 법률고문팀에 물어보니까, 그러면 총장님도 살고 정 교수도 산다"고 말했다고 전했다.

검찰개혁에 대한 문재인 대통령의 갈망과 조국 후보자를 검찰개혁의 적임자로 선택하신 결정을 믿었다. 예상되는 이 정권에 닥칠 위험과 내 안의 갈등과 의심을 누르고, 정 교수의 기소를 예견했던 청문회 날 새벽까지도 임명을 강하게 지지했다. 그런데 조국 장관이 자신의 공적 책무감을 위해 배우자와 가족의 일에 냉정하게 선을 긋고 개입하지 않을 수 있다는 내 위태로운 신뢰는 힘없이 무너졌다. 사람이거늘, 검찰 소환과 수사와 재판을 치르는 배우자의 고통에 귀 닫고 눈 감고 공적 인간으로서만 행동할 수 있다고 믿다니.

그건 조국에 대한 신뢰가 아니었다. 내 진영 보호의 욕구와 양심이 일으키는 혼란을 무마하려는 타협이자 자기기만이었다. 조국 후보자는 진실이 무엇이든 최성해 총장과 전화로 직접 대화를 하는 일 따위는 하지 말았어야 했다. 흔들리던 내 저울추는 완전히 기울었다. 조국은 법무부 장관이 되어서는 안 된다.

야당 의원들은 지금까지 제기된 의혹의 진위를 밝힐 결정적인 증거를 제시하지 못하고, 표창장 의혹에 집중했다. 조국은 "제 처의 통화 끝에 받았다"며 최성해 총장과의 통화를 인정했다. 그러나 위증을 종용한 사실은 없다고 부인했다. 여당 의원 중 금태섭 의원만 조국 후보의 자질 검증에 집중했다. 다른 여당 의원들은 조국 일가 의혹 방어에 총력을 기울였다. 김종민 민주당 의원은 "일련번호가 다른 또 다른 총장 표창장 18개를 확인했다"며 총장이 자신의 명의의 표창장을 모두 기억할 수 없다는 게 상식이라고 조국을 방어했다. 김종민 의원은 그날 아침 조민에게 표창장 수여를 추천한 교수가 한 언론과 인터뷰도 했다고 말했다.

조국은 표창장 원본을 딸이 보관하고 있을 것이라고 했지만, 제출하지 않았다. 표창장 사본을 공개한 것은 뜻밖에도 박지원 의원이었다. 박지원 의원은 조국 후보 자리로 다가가 자신의 휴대폰에 입력된 표창장 사진을 보여주며 동양대 표창장이 맞느냐고 물었다. 조국은 맞다고 답변했다.

박지원 의원이 공개한 표창장에는 2012년 9월 7일자 동양대 총장 직인이 찍혀 있었다. 2010. 12. 1.~ 2012. 9. 7.까지 "동양대 인문학영재프로그램의 튜터로 참여하여 자료준비 및 에세이 첨삭지도 등 학생지도에 성실히 임하였기에 그 공로를 표창"한다고 기재되어 있었다. 기사를 검색해봤다. 정경심 교수가 동양대 교수로 부임한 시기는 2011년 7월이다. 정경심 교수와 연관된 어학프로그램으로는 '영어사관학교' 한 개뿐이었는데, 2012년 9월 7일이 개소식이었다. 표창장에 기재된 '인문학영재 프로그램'은 영어영재교육센터 부설 영재교육원의 프로그램은 아니다. 같은 시기에 개설되었던 인문학영재프로그램의 영어 강좌는 수강신청 학생이 없어서 폐강되었다. 2013년 정경심 교수가 센터장으로 부임했지만, 표창장 수여 당시인 2012년에 센터장은 김주식 교수이다. 김주식 전 교수는 조 후보자의 딸이 해당 센터에서 봉사활동을 한 사실도 상을 받은 사실도 없다고 밝혔다. 조민의 표창장에 기재된 프로그램 자체를 찾을 수 없었다.

동양대 표창장 논란은 두 달 후 동양대에 근무하던 진중권 교수가 페이스북을 열고 조국대전에 참전하는 계기가 되었다. 당시 동양대에 재직 중이었던 진중권 교수가 2019년 11월에 페이스북을 열고, 동양대 장경욱 교수가 TBS 라디오 〈김어준의 뉴스공장〉에 출연해 표창장 위조 의혹을 "영화 같은 이야기"라고 해서 사실을 왜곡하는 데 결정적인 역할을 했다고 포문을 열었다. 『한번도 경험해보지 못한 나라』에서 진중권 교수는 "동양대에서 정 교수와 5~6년 함께 근무했고, 학교 돌아가는 것도 밖에 있는 다른 분들보다 조금 더 알고 있어서 하는 말인데, 조국·정경심 교수 측에서 동양대 교수들 중 총장에게 불만을 가진 교수 딱 두 분, 하필 딱 그 두 분을 선택해 미디어에 연결시켰다"고 했다. "용의주도한 언론 플레이"였다는 것이다. 스스로 미이라의 봉인을 풀고 다시 등장한 논객은 조국사태 내내 거대한 위선과 맞선 사람들의 양심을 보호하는 든든한 바리케이드였다.

수상한
답변

인사청문회에서 의심스러운 사진 한 장이 제시됐다. 김도읍 자유한국당 의원이 조국이 '버닝썬' 사건의 경찰'총'장 윤규근 총경과 청와대 인근 '애월'이라는 식당에서 함께 찍은 사진을 공개한 것이다. 김도읍 의원은 사진을 찍어준 사람이 정상훈 아니냐고 물었다. 정상훈은 윤규근 총경에게 버닝썬 사건의 주역들인 가수 승리(본명 이승현)의 사업 파트너 유인석 전 유리홀딩스 대표를 소개해준 인물이다. 조국은 청와대 민정수석실 회식 자리에서 직원들과 돌아가며 찍었던 사진 중 하나라고 답변했다. 김도읍 의원은 회식 참석 인원을 물었고, 조국은 70명 정도라고 답변했다. 이후 한 유튜브 방송에서는 애월을 직접 찾아가

3장 사모펀드 하는 사회주의자

식당 규모가 30명도 들어가기 힘든 장소라고 밝혔다.[27]

윤규근 총경과 조국이 찍은 사진에 대한 조국의 수상한 답변은 내게 남은 조국에 대한 신뢰를 남김없이 부쉈다. 자유한국당 김진태 의원이 조국의 남한사회주의노동자동맹(사노맹) 활동을 문제 삼으며 "사회주의자에서 전향했느냐"고 질문하자 조국은 "나는 사회주의자인 동시에 민주주의자"라고 답했다. 사람들은 조국을 '사모펀드 하는 사회주의자'라고 불렀다. 진보의 몰락이었다.

인사청문회는 자정 무렵 끝났다. 15분 후 검찰은 정경심 교

27 "서울중앙지법 형사합의25-3부(부장 권성수)는 2020년 9월 15일 특정범죄가중처벌법상 횡령, 자본시장법 위반 등 혐의로 구속기소된 정상훈(46) 전 녹원씨엔아이(전 큐브스) 대표에게 징역 3년과 벌금 5억 원을 선고했다…정 전 대표는 큐브스 대표로 재직 시 회삿돈 39억 7,000여 만 원을 횡령하고, 자사 주가를 올리기 위해 자회사가 대규모 공급계약을 맺는 것처럼 허위 공시한 혐의 등으로 지난해 10월 재판에 넘겨졌다. 그는 또 2017년 3월 윤 총경에게 큐브스의 유상증자 계획 등 호재와 악재를 미리 알려줘 부당이득을 취하게 한 혐의로 추가 기소됐다…정 전 대표 사건 재판부는 미공개정보 유출 혐의를 유죄로 봤으나, 올해 4월 윤 총경 사건 1심 재판부는 같은 사안을 두고 수혜자 격인 윤 총경에게 무죄를 선고했다. 당시 재판부인 서울중앙지법 형사합의27부(부장 김선일)는 윤 총경의 미공개정보 이용 혐의(자본시장법 위반)에 대해 "해당 정보가 미공개라 하기 어려운 부분이 있고, 이를 이용해 주식거래를 한 것으로 보이지 않는다"라고 밝힌 바 있다. - 「'버닝썬' 윤 총경에 미공개 주식 정보 흘린 회사대표 징역 3년」,〈한국일보〉(2020.09.15.)

수를 사문서위조로 기소했다고 발표했다. 검찰이 동양대 표창장에 기재된 발급일인 2012년 9월 7일에 위조되었다고 판단했다면, 사문서위조 공소시효 7년 만료일은 공교롭게도 인사청문회 날이었다. 최성해 총장의 진술도 확보되어 있던 상황이라서, 법조인의 눈에는 검찰에게 다른 선택의 여지가 없어 보였다. 인사청문회 전에 정경심 교수를 소환하는 일도 임명권에 개입한다는 비난 때문에 쉽지 않았을 것이다. 사무실에 앉아 정경심 교수가 기소되었다는 속보를 보았다. 창밖에는 태풍 링링의 북상으로 비바람이 몰아치고 있었다. 자정이 넘었지만, 김남국 변호사에게 전화를 했다. 당황하기는 김남국 변호사도 마찬가지였다.

"어떻게 하지? 결국 기소했네요."

"네. 정 교수님이 위조하신 거 같아요. 사모펀드도 관여하셨고."

"딸은 부산의전원 합격도 취소될 것 같은데. 조국 후보는 어쩌면 좋아."

"후보 사퇴하셔야 할 것 같아요. 임명하시면 안 될 것 같아요."

김남국 변호사는 서울대에서 학위를 준비하며 조국 교수를 가까이서 보았다. 평소 친분이 두텁다고 느껴졌던 터라, 그의 말은 다소 의외였다. 새벽 두 시가 다 되어서야 사무실을 나왔다. 거리에는 굵은 빗줄기가 거센 바람에 흔들렸다.

이광철의
전화

"문재인 대통령님. 조국 후보자를 놓아주십시오. 가족들 곁에서
돌볼 수 있게 해주십시오. 지지자들을 지는 싸움에 내몰지 말아
주십시오. 조국 후보자님, 죄송하고 감사합니다."

2019년 9월 7일, 나는 페이스북에 조국이 물러나야 한다는
의사를 처음 표명했다. 인사청문회 직후 바로 임명을 강행할 거
라는 예측과 달리 문재인 대통령은 7일과 8일을 지나 9일 오전
에 조국 법무부 장관 임명을 발표했다. 청와대의 임명장 수여식

에는 방송통신위원회 위원장으로 임명된 한상혁 선배도 자리했다.

검찰은 9월 9일 임명 당일에도 '조국 가족 펀드' 운용사인 코링크PE의 대표와 웅동학원 전 감사 등을 소환 조사하며 수사에 박차를 가했다.

임명일 오후 김오수 법무부 차관과 이성윤 법무부 검찰국장이 윤석열 검찰총장을 배제하고 조국 특별수사팀을 구성하자고 대검 간부들에게 제안했다는 기사가 보도됐다. 수사를 건드리겠다는 것이다. 김오수 차관은 현 정부의 장차관급 후보로 자주 물망에 오르던 인물이다. 이성윤 국장은 문 대통령의 경희대 법대 후배다. 노무현 정부 시절에는 문재인 민정수석 밑에서 특별감찰반장을 지냈다. 검찰개혁의 대의는 권력으로부터 수사의 중립성을 보장하겠다는 것 아니었던가. 참았던 의심과 의혹이 분노가 되어 억누를 길이 없었다.

> "〈스카이캐슬〉 실사판이 종영하고, 결코 방영되지 않을 〈하우스 오브 카드〉 실사판이 장막 뒤에서 진행될까 두렵다. 나는 이 수사가 마무리될 때까지 윤석열의 검찰을 응원한다. 그게 나의 정의다."

10일 오전에 올린 페이스북 글 논조는 더 거칠었다.

"만약 지금 공수처가 있었다면 상황이 어떻게 되었을까요?"

"……"

"휴… 공수처가 윤석열 쳐냈겠지요."

"공수처에 대한 고민이 참 깊어집니다."

공수처 설치를 적극 찬성했던 변호사들을 고민에 빠지게 만들었다면, 그건 당신, 당신들 책임이다.

이 정권의 성공을 간절히 원하던 변호사들이,

우리도 코링크PE, 레드펀드, 블루펀드, 그린펀드, 배터리펀드 만들어서 상장/비상장 기업 매수하고 이리저리 자금 넣었다 뺐다 굴리고 인맥 동원해 관급공사 수주하고 주가 좀 손봐서 우회 상장으로 한탕 하자고, 그러고도 배우자가 한 거라 몰랐다고 하면 출세에 문제 될 거 없다고 한탄하게 만들었다면, 그건 당신, 당신들 책임이다.

사모펀드로 어떻게 장난치는지를 잘 모르는 지지자들에게 어처구니없는 해명으로 핍박받는 노무현2를 연기하며 강렬한 방어와 지지를 끌어모아서 세상 모두를 속일 수 있다고 믿는다면, 당신들 지지자들을 개돼지로 보고 있다는 거다.

사모펀드로 장난질 하는 자들의 유혹에 혹해서 자금, 네트워크 갖다 붙여서 한탕을 노리며 교도소 담벼락 위를 걷던 자들 잡아 넣던 베테랑 중의 베테랑 (검사)들이 붙었는데, 자신도 없이 살아있는 권력이 최고로 신임하는 법무부 장관 후보자 주변을 저렇게 밀어붙였다고 생각하나. 단지 검찰개혁의 반발로? 윤석열 수사 배제하고 사건을 묻으려고 검찰과 '거래'를 시도한 게 그저 법무부 고위급 간부들의 충정일 뿐이라고? 조 장관은 '또' 모르고? 어디까지 가려고 이러는 건가? 이 정권의 성공에 온 마음을 바쳤던, 검찰개혁을 간절히 원했던 나 같은 사람들을 절망하게 만들지 말아라.

페이스북 글을 올리고 5분 후 즈음 휴대폰 벨이 울렸다. 2주 전 민정비서관으로 승진한 이광철이었다.

"이렇게 전화를 드리는 게 적절한 건지 잘 모르겠습니다만, 권 변호사님이 우리 정부에 애정이 크시다는 걸 알기에 이렇게 전화드리게 됐습니다. 조국 수석님은 모르시는 일입니다."

이광철 행정관이 민변 선배인 내게 신뢰를 가지고 있다는 걸 알고 있었지만, 전화로 전해지는 그의 다급함은 압박으로 다가왔다. 나는 아무 대꾸도 하지 않고 일단 그의 말을 들었다.

"그 전에 민정수석실에서 검토는 했었지만, 좋은 방법이 아니라고 해서 철회한 방안입니다. 조 장관님은 모르시는 내용입니다."

조국이 그런 논의에 가담하지 않았다는 이광철 행정관의 말은 사실일 수도 있다. 그러나 청와대와 논의 없이 독단적으로 검찰총장을 배제한 특별수사팀을 구성하자는 제안을 했다는 말은 믿기 어려웠다. 하지만 마음을 누그러뜨리고 대답했다.

"정부가 수사에 개입한다는 신호를 줄 그런 제안을 독단적으로 하는 그런 판단력 부족한 사람들 데리고 검찰개혁을 제대로 할 수 있겠어요? 윤석열 총장을 그렇게 몰라요? '수사에서 물러나라' 하면 '네, 알겠습니다' 하고서 물러날 줄 알았나 봅니다. 조국 수석이 최성해 총장에게 전화를 거는 바람에 수사에 개입할 수도 있다는 의심이 드는 상황에서 어떻게 윤석열 총장을 배제하는 방식으로 수사에 개입할 생각을 하죠? 그런 어리석은 판단을 하는 사람들 때문에 정부 지지율이 더 떨어지는데."

"수사에 개입하면 안 되죠. 그런 일은 없어야죠. 조국 수석님도 당황해서 전화를 하셨을 겁니다. 그런 전화는 부적절했죠."

내가 그의 말을 믿는다고 생각했는지 이광철 비서관의 목소리는 다소 여유를 찾았다. 나도 긴장을 풀고 궁금했던 몇 가지를 물었다.

"조국 후보도 아이들 일이니 마음이 흔들렸겠죠. 나 같으면 견디지 못했을 거 같은데, 아이들 때문도 그렇고 지지율이 떨어지는 것도 그렇고 대통령에 대한 책임감 때문에라도 몇 번이고 사퇴 의사를 밝혔을 것 같은데, 대통령님이 놓아주시지 않은 건가요?"

이광철의 답변은 내 예상과 달랐다. 조국은 적어도 한두 차례 사퇴 의사를 밝혔지만, 문재인 대통령이 수용하지 않았으리라는 내 짐작과는 달리, 조국은 단 한 번도 사퇴 의사를 밝힌 적이 없다고 이광철 비서관이 알려주고 있었다.

"애들 의혹이 터져 나왔을 때는 정말 힘들어하시고 크게 흔들리셨어요. 수석님은 검찰개혁을 위한 마음뿐이지 정말 다른 의도는 없는 분입니다."

이광철은 묻지 않은 말도 쏟아냈다.

"기자간담회 전에 리허설을 했는데, 하루 종일 조국 수석님은
한 치도 흐트러지지 않았어요. 원래 우리랑 있을 때 그러기만
하지는 않으신데, 리허설 시간 동안 자세 한번 흐트러지지 않으
셨어요. 새삼 놀랐는데, 같이 일하는 동안 정말 즐겁게 일한 분
입니다."

이광철 행정관은 조국 후보의 그런 긴장이 대통령에 대한 충
성과 검찰개혁에 대한 책임감의 징표라고 말하고 싶었는지 모
르겠지만, 내게는 앞뒤를 맞춰 모순 없이 대답할 내용을 기억해
야 하는 사람의 긴장으로 여겨졌다.

"그리고 그건 알아주셔야 해요. 임명 전날까지도 내부의 의견
은 반반이었어요. 임명 철회 의견으로 좀 더 기울기도 했어요.
저도 임명 찬성과 임명 반대 의견이 반반이라는 보고를 대통령
님께 했고요. 대통령님이 임명을 강행하신 것은 윤석열 총장이
임명 전날에 전화해서 조국을 사퇴시키라고 고래고래 소리를

질렀던 게 영향이 컸습니다."

"누구한테 전화해서 소리를 질렀다는 말인가요? 대통령께?"

"저한테도 하고…."

이광철은 말끝을 흐렸다. 대통령까지 윤석열 총장의 의사가 전달된 것 같지는 않았다.

"윤 총장이 조국 장관 혐의를 입증할 무슨 카드를 쥐고 있는 건가요?"

"모르겠어요. 뭘 쥐고 있는지."

"나중에 기소되고 유죄가 나오면 정권에 큰 부담이 될 텐데. 윤 총장이 뭔가 결정적인 증거나 단서를 쥐고 있다면 직접 보고 드려야 하는 거 아닌가요?

"이인걸 변호사가 정경심 교수에게 사건의 경위를 파악하고 있는데, 자신은 피해자라고 하고 아무 죄도 없다고 합니다. 대통령님도 마지막까지 몇 분들 의견을 들으시고 결정하셨어요."

이인걸 변호사는 청와대 특별감찰반 반장이었다. 직전에 청와대를 나와 정경심 교수 측 대리를 하고 있었다.

나는 윤석열 총장이 문재인 대통령께 직접 보고를 해서 대통령이 판단을 할 수 있는 충분한 정보를 제공했어야 한다고 생각하고 있었다. 윤 총장이 대통령과 독대할 기회를 만들어달라고 했는지는 정확히 밝혀지지 않고 있다. 독대 보고의 기회가 있었다면 대통령은 다른 판단을 했을까. 하긴 대통령이 검찰총장을 불러서 수사 상황을 보고 받는 것도 쉽지는 않았을 것이다. 수사 개입으로 비춰질 수도 있고, 만약 윤석열 총장을 대면한 후 지명 철회를 했다면 그것 역시 조국 일가의 범죄 혐의를 인정하는 강한 신호가 되었을 것이다. 결국 민정수석실의 판단이 중요했다.

서울 남부지검은 2019년 2월에 코링크PE가 최초로 만든 사모펀드인 레드펀드가 투자한 아큐픽스의 관계자들을 이미 구속기소 했다. 아큐픽스는 레드펀드가 투자한 이후 2016년 11월에 포스링크로 사명을 바꾸었다. 포스링크 이 모 전 회장은 2016년 네 차례에 걸쳐 회삿돈 17억 5,000만 원을 횡령한 혐의로 2019년 12월 징역 6년과 벌금 5억 원을 선고받았다. 포스링크 부사장은 코링크PE가 WFM의 경영권 인수자금을 마련하는 데에도 등장한다.

윤석열 검찰총장은 늦어도 조국 일가 사모펀드 의혹이 불거진 후에 남부지검으로부터 이런 보고를 받았을 것이다. 민정수석실은 인사검증을 하는 과정에서 이런 상황을 파악했어야 했다. 파악하지 못했다면 무능이고, 파악하고도 묵인했다면 대통령과 국민을 기만한 것이다. 이광철은 조국과 윤규근과 정상훈과 WFM 우국환이 연결되어 있다는 것을 정말 몰랐을까. 민정수석실은 최소한 윤석열 총장이 조국 임명을 반대하는 이유를 정확히 파악해서 대통령께 보고했어야 한다. 그런데 윤석열 총장이 임명 전날에 청와대에 전화를 해서 조국을 임명해서는 안 된다고 소리를 질렀다는 것이 조국 임명의 이유라니. 비합리적이고 비이성적이었다.

"제가 이렇게 말씀드리는 건 권 변호사님이 우리 정부에 애정이 깊으시니까, 그동안도 늘 애정 어린 쓴소리로 저희들에게 많은 영감을 주셨고. 물론 페이스북에 글을 쓰시는 걸 막을 수는 없지만, 그래도 우리 정부에 애정이 깊은 분이시니…"

이광철 행정관이 내게 전화를 직접 건 목적은 분명했다. 정부와 조국을 비판하는 글을 쓰지 말라는 것이다. 그는 부탁이었을지 모르나 내게는 무거운 압박이었다.

그날 밤 잠결에 가위눌린 듯 숨이 막히고 심장이 아파서 잠이 깼다. 호흡을 가다듬으며 어떤 선택이 필요하다는 걸 알았다.

그 무렵 청와대는 꽤 꼼꼼한 인사검증을 통해 나를 대통령 위촉직인 한 위원회 위원으로 위촉했다. 인사수석실에서 연락해 온 담당자에게 물어도 알려주지 않아서 누가 추천했는지는 알 수 없었으나, 누군가 내 경력을 관리해주는 느낌을 받았다. 이광철이 원하는 대로 조용히 침묵한다면, 적어도 안위는 무탈할 것이고, 나아가 침묵의 대가를 기대해볼 수도 있었다.

그러나 화를 참을 수 없었다. '어떻게 국민들 앞에서 눈 하나 깜빡이지 않고 그렇게 많은 거짓말을 할 수 있어? 그런 자를 어떻게 법무부 장관에 임명할 수 있어? 그런 자를 법무부 장관으로 앉혀놓고 그 일가에 대한 수사를 방해해? 일국의 검찰총장을 배제하는 특별수사팀 구성 제안을 법무부 차관과 검찰국장이 독자적인 판단으로 했다는 말을 믿으란 말인가? 적어도 수사는 방해하지 말아야지. 수사에 개입하는 게 당신들이 말한 검찰개혁이야? 나쁜 놈들.' 나는 내 선택의 의미를 알았다. 아니 선택의 여지가 없었다. 배신감을 억누를 수 없었다. 조국이 무수한 거짓말을 하고 있다는 내 판단은 확고했고, 수사를 방해하는 권력 앞에 무릎 꿇고 침묵할 수 없었다.

문재인 대통령은 『문재인의 운명』과 『검찰을 생각한다』에서
노무현 대통령의 죽음이 권양숙 여사나 형님 노건평 등
가족과 측근의 부패 때문이 아니라 검찰과 언론 때문이라는
프로파간다에 성공했다… 노무현의 타살자에 대한 적개심을
검찰개혁과 언론개혁이라는 긍정적인 정치개혁 프로그램으로
바꾸는 데 성공한 것이다.

제2부

빠시즘, 파시즘

4장

서초동의
십자가

김남국의
선택

문재인 대통령은 조국 임명 전에 이낙연 국무총리, 노영민 비서실장, 이해찬 더불어민주당 대표, 이인영 원내대표의 의견을 청취한 것으로 알려졌다. 이낙연 총리는 임명 반대 의견을 표했고, 노영민 비서실장은 침묵했다고 한다. 이해찬 당대표와 이인영 원내대표는 임명 강행 의견이었다. 검찰과 야당과 언론의 공격에 굴복하지 말라는 더불어민주당 당원들의 마음을 배반해서는 안 된다는 이유였다.

문재인 대통령과 여당 지도부는 검찰이 기득권 유지를 위해 검찰개혁에 저항한다고 받아들였다. 홍익표 민주당 수석대변인은 2019년 9월 9일 MBC 라디오 〈김종배의 시선집중〉에서 했던 인터뷰에서 확인되지 않은 사실이라면서도 "윤 총장이 '조국을 낙마시켜야 한다'고 말을 했다는 얘기가 있다"고 했다.

일년 후 2020년 10월 22일 국회 법제사법위원회의 대검찰청 국정감사장에 출석한 윤석열 총장에게 김남국 의원은 '확인되지 않은 사실'을 질문했다. "이해찬 전 민주당 대표가 '윤석열 총장이 한 번도 아니고 두세 번 대통령과의 독대를 요청했다'고 주장했는데, 사실이냐?"고 물었다. 윤석열 총장은 이날 독대를 요청한 사실이 없다고 답변했다.

윤석열 총장은 "박 장관께서 압수수색 당일 저를 좀 보자고 해서 뵈었는데, '어떻게 하면 (조 전 장관이) 선처가 될 수 있겠냐' 여쭤보셔서, 조심스럽게 '야당이나 언론에서 이렇게 자꾸 의혹을 제기하는데, 만약에 여기서 사퇴를 하신다면 조용해져서 저희도 일 처리 하는 데 재량이 생기지 않겠나 싶습니다'라고 의견을 드린 것"이라 주장했다. 윤 총장은 당시의 심경도 내비쳤다. 조국 수사를 "해야 하는지 말아야 하는지, 저도 인간이기 때문에 굉장한 번민을 했다"라고 말했다.

조국 일가의 혐의가 유죄로 밝혀진다면, 법무부 장관의 임명은 문재인 정권에 심각한 타격이 될 터였다. 독대를 요청했다 한들 충정으로 해석할 수는 없었을까. 대통령의 임명권에 저항하고 검찰개혁을 저지하기 위한 수사라고 보는 심리 기저는 무엇이었을까. 조국수호의 최전선에 선 김민웅 교수는 내 페이스북에 댓글로 "이 수사는 수사 자체의 논리를 떠나 검찰 기득권과 결합한 이 나라 기득권 세력의 총체적 반격"이라고 규정했다. 청와대와 민주당 수뇌부에게 윤석열 총장은 이미 적폐청산의 영웅도 정권의 동반자도 아니었다. 정권을 위협하는 척결해야 할 정적이었다.

조국 장관 임명 며칠 후, 서울변회 TF팀 조찬회의가 있었다. 김남국 변호사는 회의 때부터 이미 페이스북에 연일 사모펀드 관련 글을 올리며 적극적으로 의혹을 제기하고 나선 나를 불편해하는 기색이 역력했다. 김남국 변호사는 회의 마치고 종종 차로 내 사무실까지 데려다주곤 했는데, 그날은 내 눈을 피하며 지하주차장으로 가기 위해 엘리베이터로 향했다. 나는 김남국 변호사에게 잠시 얘기 좀 하자고 회관 1층 로비로 이끌었다.

"결국 임명하셨네."
"네. 임명 안 하실 줄 알았는데…."
"사모펀드나 입시비리 유죄 나올 가능성이 높아 보이는데, 그

럼 정권에 큰 부담이 될 텐데 어떻게 하시려고…이광철 행정관
도 임명 강행과 지명 철회 여론이 반반이라고 보고했다던데…."

김남국 변호사도 청와대 인사들과 통화를 했었다고 했지만,
그 이상은 말하지 않았다.

"나는 조국 장관과 이 정부가 수사에 개입하지 않을 거라는
것도 믿기 힘들고, 검경수사권 조정과 공수처가 어떤 역할을 할
지도 모르겠고. 우리는 어떤 입장을 취해야 하지?"
"그래도 저는 진영을 지켜야죠. 조국 장관님을 수호해야죠."
"진영을?"
"네. 저는 진영을!"
"아, 나는 그렇게 못하겠다."
"네. 저는 진영과 같이 갑니다."
김남국 변호사의 선택은 분명했다.

얼마 후 김남국 변호사가 문자로 질문을 해왔다.

"변호사님, 검찰총장 임기 이전에 해임하는 것은 헌법을 위반
하는 거죠?"

"임기제는 직업공무원제도를 보장하기 위한 장치이고, 검찰총장 임기는 검찰의 정치적 중립성을 보장하기 위한 것이니, 검찰총장을 임기 전에 해임하는 것은 헌법 원리에 반한다고 봐야죠."

"그렇죠. 아무리 진영의 변호사로 나서서 방어하고 있지만, 헌법에 반하는 말을 할 수는 없어서요. 답변 감사합니다."

조국사태 이후 진영논리에 사로잡힌 사람들의 상식에 반하는 조국과 정권수호 논리에 상처받은 사람들이 물었다. "저 사람들은 옳다고 생각해서 저러는 건지, 틀린 걸 알면서도 저러는 건지 도무지 모르겠어요." 적어도 김남국 변호사는 저 때만 해도 자신의 선택과 조국 일가 의혹 방어 논리가 법률적 양심에 반한다는 것을 알고 있었다.

서초동 촛불과
광화문 집회

2019년 9월 16일 서초동에서 검찰개혁 촛불집회가 열렸다. 집회를 주최한 단체는 '개싸움운동본부'(개국본)였다. 대법원이 일제 강점기에 강제징용을 했던 일본기업에 대해 손해배상책임을 인정하자, 일본 정부가 이에 대한 보복으로 반도체 소재 3개 항목의 수출제한조치를 발표했다. 2019년 7월 초부터 우리 국민 대다수는 일본 상품 불매운동으로 맞섰다.

그중 〈시사타파〉의 1인 유튜버가 '일본을 향한 개싸움은 우리가 할 테니 정부는 정공법으로 나가라'는 취지로 시청자들과 개싸움운동본부를 만들었다. 개싸움운동본부로 인해 문재인 정부가 대중의 반일 감정을 자극했다는 사실은 감춰졌다. 마키아벨

리가 "군주는 더러운 일은 다른 이들에게 맡기고 매력적인 역할을 자신의 것으로 둬야 한다"고 조언한 통치술이 문재인 정부와 개싸움운동본부의 관계에서 구현됐다.

일본 대사관 건너편 '평화의 소녀상' 앞에서 아베 정부를 규탄하는 시위를 벌이던 개싸움운동본부는 조국수호 구호가 나오자 서초동으로 장소를 옮겨 집회를 열었다. 개국본은 서초동 집회를 이끌며 문재인 정부의 돌격대를 자처했다. 9월 16일부터 매일 열린 집회는 21일 토요일 6차 집회에서는 4만~5만여 명으로 규모가 커졌다. 서초동 주말 촛불집회는 조국 장관이 사퇴한 10월 14일 이전까지 주말마다 계속됐다. 더불어민주당 의원들도 집회에 참여했지만, 자신들의 집회 참여 사실을 드러내지 않으려 했다. 김민웅 교수, 전우용 교수, 김응교 교수, 우희종 교수, 이외수 작가, 서기호 변호사 등이 연단에 올랐다. 김남국 변호사도 사회자로 연단에 섰다. 가수 이은미도 무대에 올라 공연했다.

광화문에서는 반대 집회가 열렸다. 전광훈 목사가 이끄는 반정부 집회와 태극기 집회, 구국총연맹 집회도 주말마다 열렸다. 황교안 자유한국당 대표는 삭발까지 감행하며 장외집회를 이어갔다. 엄혹한 시절에도 최루탄과 곤봉에 맞서 학내 집회나 가두시위에 한 번도 참여해본 적 없어 보이는 나경원과 황교안의 장외집회는 묘했다. 두 사람은 선거 연설 집회 이외에 그러한 대중적 열정과 열광을 마주한 적이 없었을 것이다. 황교안과 나경원은 정부의 위선에 분노한 대중들의 감성을 자극해서 스스로 행동하게 만드는 대중선동술을 배운 적이 없었다. 그들은 1980년대 운동권 연사들을 흉내 내서 연설하고 행동했다. 그들은 점점 과격하고 저속해졌지만, 서초동 집회의 규모가 커지는 속도보다 광화문 집회 인파가 느는 속도가 더 빨랐다. 나경원과 황교안이나 전광훈이 대중을 모은 것이 아니었다. 광화문에 모인 대중들은 태극기 집회나 전광훈에 대한 혐오감보다 문재인 정권 지지자들과 민주화 세력에 대한 충격과 환멸이 앞섰다. 조국과 그를 감싸며 검찰 수사를 공격하는 민주당 지지자들의 위선과 폭력적 행태로 받은 충격을 표현할 방법이 광화문 집회 참석 외에는 딱히 없었다.

회유

서초동의 토요 촛불집회가 두 번째로 열리기 전 금요일에 대학 선배 H가 서초동으로 찾아왔다. 연대 운동권의 대부로 불리며 연대 민주동문회를 주도하던 77학번 중 한 사람이었다. 83학번인 나와 학번 차이가 커서 학교 다닐 때는 이름만 듣던 선배를 변호사 생활 시작 후에 동문들과 어울리던 자리에서 몇 차례 만났다. 내가 페이스북을 시작하자 내 글의 팬이라며 농담을 건네기도 했던 선배였다.

조국 임명 이후 내가 페이스북에서 같은 진영을 비판하는 목소리가 급격히 높아지자 서초동으로 오셨다. 다른 선배 한 분도 조금 늦게 합석했다. 먼저 와서 기다리던 H 선배는 내가 자리에 앉자 "네가 요즘 많이 힘들까 봐 보자고 했어"라고 만남의 이유를 설명했다. 용건 없이 만나 시시껄렁한 농담들로 떠들썩하게 채우고 헤어지던 몇 번의 술자리 모임과는 달랐다. 마음고생하는 후배를 위로하기 위해 만든 자리라기엔 신중하고 긴장한 기색이었다.

"너는 삶의 계획이 없어 보여. 조국사태로 정권을 잃을 수도 있지. 그래도 다시 또 권력은 와. 야당은 이미 흘러간 권력이야. 나는 너 같은 사람이 다음 정권을 이끌어가야 한다고 봐. 너는 이미 586 운동권 출신 정치인들의 수준을 훨씬 뛰어넘었어. 전문가적 능력과 설득력이 있는 사람이잖아. 너 같은 사람이 다음 정권을 책임져야 해. 너는 어차피 이 정권 사람들과 같이 가야 하는 사람이야. 그러니 이번 일에는 관여하지 마. 그냥 침묵하고 흘려보내라고. 너는 마음만 먹으면 비례대표든 뭐든 원하는 자리는 다 얻을 수 있어. 그러니까 3개월만 침묵하고 있어. 네가 보기에 유죄 나올 것 같아도, 사람들이 저렇게 반응하는 게 이상해도, 네가 막을 수 있는 게 아냐. 이번 서초동 집회는 한 10만 이상 나올 분위기야. 조국 건은 그냥 넘겨. 문재인 정부에게 도움 되는 일을 해. 예를 들어 한미 방위비 협상 같은 거 있잖아. 너 그런 사안에 대해서도 잘 알잖아. 그런 문제에 이 정권이 대처할 전략 같을 걸 말해주라고. 너는 원하면 비례든 뭐든 얻을 수 있어."

H 선배는 맥락 없이 노영민 비서실장 등 연대 동문 선배를 언급했다.

"청와대 인간들, 뭔 일만 생기면 전화해. 요즘은 귀찮아서 전화와도 잘 안 받아."

H 선배는 3개월 후에 만날 날을 못 박아 정했다. 3개월 후에 만나 향후 계획을 논의하자고 했다. 헤어질 때는 진지하게 고려해달라고 거듭거듭 당부하며 악수한 손을 놓지 못했다. "네"라고 웃으며 헤어졌다. 그러나 그 이후에도 나는 조국 일가의 사모펀드 실체를 파악해보려는 포스팅과 조국 수사를 방해하는 '검찰 쿠데타' 프레임 선동에 대한 비판을 멈추지 않았다. 11월이 왔을 때 약속한 날을 며칠 앞두고 어떻게 할지를 묻기 위해 내가 먼저 전화를 했다.

"야, 너 볼 일 없다."

선배가 후배를 걱정해 조언과 위로를 하려고 서초동까지 오신 게 아니었음이 분명해졌다. 선배는 내게 침묵을 제안했고, 침묵의 대가를 구체적으로 제시했으며, 나는 선배의 제안을 행동으로 거절했다. 대가를 위한 후속 조치가 필요 없어진 것이다.

예수가 된 장관,
춘장이 된 검찰총장

촛불집회가 뜨겁게 달아오르던 2019년 9월 23일 조국은 그의 아침 출근길을 기다리던 기자들 앞에서 격한 모습을 드러냈다. "(어제) 서울대 공익인권법센터 인턴십 관련 서류를 제가 만들었다는 보도는 정말 악의적입니다. 법적 조치를 취할 것을 심각하게 고민하고 있습니다"라고 밝힌 것이다. 검찰은 그 시간에 조국 장관 방배동 자택 압수수색을 실시하고 있었다.

조국 법무부 장관은 자택을 압수수색하는 팀장인 검사와 전화통화를 했다. 법무부는 "(조 장관이) 배우자의 전화를 건네받은 압수수색 관계자에게 '(배우자의) 건강 상태가 너무 안 좋은 것 같으니 놀라지 않게 압수수색을 진행해달라'고 남편으로서

[트위터, 온라인 커뮤니티]

말한 것이 전부였다"고 해명했다. 검찰은 "조 장관이 통화한 검
사에게 신속하게 압수수색을 진행해달라는 취지의 말을 여러
번 했다"며 "전화를 받은 검사는 절차에 따라 신속하게 하겠다
는 응대를 수 회 했다"고 당시 상황을 설명했다. "(전화를 받은 검
사는) 그런 과정이 심히 부적절하다고 판단했다"고 말했다. 조
국은 수사에 개입하지 않겠다는 약속을 다시 어겼다. 법무부 장
관으로서 수사에 개입해서는 안 되는 공적 책무와 가장으로서
의 인간적 도의가 충돌하는 이런 상황은 예상된 일이었다.

11시간에 걸친 장시간의 압수수색이었다. 짜장면 논란은 아
파트로 배달음식이 들어가는 모습이 포착되면서 시작됐다. 지

지자들은 검찰이 짜장면을 주문해 먹으면서 압수수색 집행 시간을 의도적으로 늘렸다고 주장했다. "가족이 보는 앞에서 일부러 짜장면을 시켜 먹으면서 모욕감을 줬다"는 것이다. 한 트위터 이용자(mo*****)는 "증거가 워낙 없으니까 증거 쥐어짜는 압수수색을 실시하고 온 가족이 지켜보는데 짜장면을 시켜 먹다니 이거 정말 실화냐"고 했고, 다른 이용자(qu******)는 "빚 독촉하는 조폭이나 건달들이 시켜 먹는 짜장면을 여성 두 명이 보는 앞에서 시켜 먹은 검찰의 바닥은 어디냐"고 분노했다.

논란이 잦아들지 않자 검찰은 압수수색 다음 날인 24일 직접 해명했다. 시간이 장기간 소요된 이유는 "변호인이 참여할 수 있도록 기다려달라는 (조 장관) 가족의 요청이 있어 변호인들이 참여할 때까지 압수수색을 진행하지 않았"고, "압수수색 영장 효력에 대한 불필요한 논란을 없애고 적법하게 절차를 진행하기 위하여 두 차례에 걸쳐 순차적으로 법원으로부터 추가 압수수색 영장을 발부받아 추가 집행을 실시했다"고 설명했다. 짜장면 논란에 대해서도 "오후 3시쯤 (조 장관) 가족이 점심 주문을 한다고 하기에 압수수색팀은 점심을 먹지 않고 계속 압수수색을 진행하겠다고 했으나 가족의 권유로 한식을 주문해 식사했다"고 해명했다. 압수수색팀 식사 대금과 관련, 조 장관 가족의 식사비와 별개로 식사비를 지불했다고도 했다.[28]

검찰의 해명에도 지지자들은 이후 윤석열 총장을 "윤춘장"이라고 불렀고 검찰을 "표창장 검증 전문 떡검반점"이라고 조롱했다.

주말마다 서초역 사거리의 사방으로 인파가 퍼졌다. 조국수호 집회를 드론으로 공중에서 촬영한 사진은 촛불로 만든 십자가 모양이었다. 괴이한 집회였다. 그들은 마치 예수의 성지를 탈환하기 위해 나선 십자군 군대와 같은 사명감과 열정에 사로잡힌 듯 보였다. 집회 참석자들에게 검찰은 문재인 정부 검찰개혁을 반대하는 악惡의 기득권 집단이었다. 자신들은 사악한 검찰을 개혁하려다 핍박받는 조국을 지키고 검찰개혁을 완수하기 위한 정의롭고 선善한 투쟁에 떨쳐 일어선 전사였다.

조국의 태도도 미묘하게 달라졌다. 국론을 분열시킨 송구함보다 검찰개혁의 십자가를 짊어진 핍박받는 순교자처럼 행동하기 시작했다. 정경심이 '딸 생일날에 아들 소환 조사'를 했다고 페이스북에 올렸다. 지지자들의 검찰에 대한 분노는 '먼지털기식 수사'를 감내하는 가족에 대한 연민과 섞여 활활 타올랐다.

28 「검찰 조국 자택 압수수색 후폭풍…때아닌 '짜장면' 논란 왜?」,〈한국일보〉
(2019.09.24.)

다음 날 조국은 딸 생일 케이크 상자를 들고 귀가하기도 했다. 유시민은 일찌감치 그리스 신화를 차용해 조국 일가에게 핍박받는 선한 약자의 서사를 부여해준 바 있었다.

2019년 10월 8일 정경심 교수가 서울중앙지검 특수부에서 3차 검찰 조사를 받던 시간에 조국 동생 조권은 영장실질심사를 위해 강제구인되고 있었다. 그리고 그 시각에 그들의 남편이자 형인 법무부 장관이 비장한 어조로 검찰개혁안을 발표했다. 가장 우선적으로 '10월 중으로 서울중앙지검 특수부 등 3개 지검만 특수부를 남기고 최소한으로 운영하겠다'는 '특수부 대폭축

소'를 선포했다. 현실 같지 않았다. 비정상적 세력에게 '산소공
급권'을 독점 당한 어느 미래의 행성 이야기인 「토탈리콜」 같은
SF 영화를 보고 있는 것 같았다. 조국은 그날 밤 서초역에 모인
십자 대열의 집회 사진을 페이스북 프로필 사진으로 바꾸었다.
핍박받는 희생양의 거룩한 투쟁에 동참해달라며 지지자들의 결
속을 은밀히 독려한 거다.

가짜뉴스들

가짜뉴스가 난무했다. TBS 라디오 〈김어준의 뉴스공장〉과 유시민의 〈알릴레오〉가 맹활약을 했다.

2019년 9월 18일 〈김어준의 뉴스공장〉에서는 〈한겨레〉 김완 기자를 출연시켰다. 이날 방송에서 김완 기자는 '코링크PE 설립자금은 익성의 자금'이라고 했다. 그러나 김완 기자가 코링크PE가 익성 자금이라고 주장한 근거는 코링크PE가 투자한 서울시 와이파이 사업권을 따냈던 웰스씨앤티와 그 자회사 PNP콘소시엄의 대표들과의 인터뷰다.

나는 이 인터뷰 녹취록들을 구해서 봤다. 조범동이 해외 도피 중 이들과 통화한 전화 녹취록도 봤다. 코링크PE의 자금 이동 자료도 구해볼 수 있었다. 이들은 코링크PE의 초기 설립자금 8,500만 원이 익성에서 왔다고 주장한다. 지지자들이 '코링크PE는 익성 것'이라고 주장하는 유일한 단서가 이 인터뷰에 나오는 한 줄이다. 나중에 재판에서 밝혀진 바는 코링크PE 설립자금 1억 원 중 8,500만 원은 조국의 계좌에서 나갔다. 정경심 재판부는 8,500만 원을 포함해 조국 일가가 2015년 12월에 5촌 처조카 부인에게 보낸 5억 원과 2017년 2월에 보낸 5억 원 모두 투자라고 판단했다. 코링크PE의 실소유주는 조국 일가인 것이다.

김어준은 제보자 지 모 씨를 전문가로 소개하며 전화 인터뷰를 하기도 했다. 자본시장을 아는 사람들은 조국의 사모펀드가 아무 문제 없다는 것을 안다는 것이다. 제보자 지 모 씨는 채널 A 이동재 기자에게 접근해서 한동훈 검사가 VIK 이철의 범죄와 유시민을 연루시킬 음모를 꾸미는 통화녹음을 들었다고 했던 인물이다. 자본시장의 기업사냥꾼에게는 아무 문제 없는 일인지는 모르겠으나, 조범동과 정경심은 사모펀드 혐의에 대해서도 유죄를 받았다.

김어준은 동양대 최성해 총장과 동양대 식당 운영 문제로 사이가 멀어진 최 총장 조카도 출연시켰다. A 씨는 "2012년 여름 동양대에서 조민이 식당 매점에 학생들과 오는 걸 봤다"고 했다. 정경심의 재판에 증인으로 출석한 A 씨는 변호인과의 심문에선 "2012년 여름(조민 인턴 시기) 동양대에서 카페를 개설해 운영했다"고 했다. 계약서상 카페 계약 시기는 2013년 7월이었다. 재판장은 "물타기 하지 말라", "위증죄로 처벌받을 수 있으니 경고한다"고 질책했다.[29]

김어준은 조국 딸 조민의 인터뷰도 내보냈다. 조민은 자신이 직접 인턴활동을 한 것은 모두 사실이라고 했다. 하지만 정경심 재판에서는 방대한 증거조사를 통해 조민의 7대 스펙 인턴활동 확인서의 기재가 모두 허위라고 판시했다. 김어준의 방송에는 동양대의 한 교수도 출연해서 조민이 표창장에 기재된 봉사활동을 했다고 증언했다. 진중권 교수는 같이 근무하며 표창장에 대해 의견을 나누던 동료 교수가 방송에 나와서 한 거짓말을 참지 못해 오랜 침묵을 깨고 SNS를 재개했다.

김어준은 〈뉴스공장〉과 〈다스뵈이다〉에 김남국, 양지열, 신장식 변호사 등을 출연시켜 괴상망측하지만, 일반인은 구별하기 힘든 법적 논리로 제보자들의 증언을 뒷받침하고 검찰의 수사를 공격해서 방송의 신뢰를 덧입혔다. MBC 〈PD수첩〉도 김어준의 가짜뉴스에 화면을 입혀 프로그램을 만들었고 라디오

---

29 「"조민 봤다"던 최성해 조카…재판장 "물타기 말라" 엄중 경고」, 〈중앙일보〉
(2020.08.27.)

방송 〈김어준의 뉴스공장〉을 시각화했다.

〈알릴레오〉의 유시민의 활동은 그동안 쌓아온 지식인으로서의 신뢰를 전부 잃게 했지만, '대깨문'에게는 힘겨운 전쟁을 이겨낼 무기이자 복음이요 마취제였다. 2019년 8월 27일 검찰의 대대적인 압수수색이 이뤄진 후 9월 1일 새벽 0시경 정경심과 자산관리인 김경록 PB가 동양대에서 PC와 서류를 반출하는 방범용 CCTV 영상 사진이 10월에 공개되었다. 증거인멸 의혹이 거세게 일자 유시민은 검찰이 PC에 있는 증거를 조작할 위험을 방지하기 위한 '증거보존'이라고 방어했다. 검찰이 증거를 조작할 수 있다는 음해도 문제였지만, 증거인멸의 법적 용어를 비트는 선동이었다. 〈김어준의 뉴스공장〉에 자주 출연하는 역사학자도 증거인멸이 무엇인지 모르면 국어사전을 찾아보라고 페이스북 글을 올렸다. 형사법상 죄명은 국어사전이 아니라 법률용어 사전이나 법전을 찾아봐야 한다.

유시민은 김경록 PB와의 인터뷰 녹음도 공개했다. 김경록 PB가 자신의 증거인멸 혐의를 인정하는 부분은 빼고 편집한 녹음이었다. 김경록 PB는 유시민과 인터뷰를 하기 전에 KBS와 인터뷰를 먼저 했었다. 유시민은 검찰이 KBS 기자와 유착해 있다고 주장했다.

김경록 PB가 검사실에서 조사를 받을 당시 검사의 컴퓨터에 메시지가 떴는데, "조국 장관이 집으로 찾아왔다고 하니, 털어 봐라고 한 내용을 메신저 창에서 봤다"고 했다는 것이다. 만약 김경록 PB가 KBS와 인터뷰를 하며 '조국 장관이 집으로 찾아왔다'고 말했다면 그건 꽤 큰 단독 기사였을 텐데 KBS에서는 그런 보도를 한 적이 없었다. KBS는 인터뷰 내용에는 그런 내용이 없었다고 해명했다. KBS가 인터뷰에 없던 내용을 검사에게 흘렸을 리 없다는 게 상식적인 추론이었다.

그러나 유시민은 KBS 사장이 법조팀을 조사해서 언론과 검찰의 유착 관계를 밝혀야 한다고 주장했다. KBS는 법조팀의 조국 취재기자들을 현장에서 배제하고 조사단을 구성했다. KBS 조국 취재팀은 김경록과의 인터뷰 녹취록 전문을 공개했다. 실제 인터뷰에서는 '조국 장관이 집으로 찾아왔다'는 식의 질문도 없었고, 이와 관련한 내용도 없었다.

김경록 PB는 정경심 자택의 개인용 PC 하드디스크 3개와 동양대 연구실 PC 1대를 숨긴 혐의로 기소되어 2020년 6월 26일 1심에서 징역 8개월에 집행유예 2년을 선고받았다. 정경심도 증거인멸교사죄로 기소되었으나, 2020년 12월 23일 1심 법원은 정경심은 김경록에게 지시한 교사범에 그친 것이 아니라 김경록과 함께 증거를 인멸한 '공동정범'이라고 해서 이 부분을 무죄로 판단했다. 자기 범죄의 증거인멸·은닉죄는 처벌하지 못한다. 형사상 피의자나 피고인은 자기에게 불리한 진술을 강요받거나 증거제출을 강요받지 않는 자기부죄거부自己負罪拒否 특권이 인정되기 때문이다.

물구나무 선
세상

저녁 식사를 함께하던 딸애가 TV 뉴스에서 흘러나오는 서초동 집회 뉴스를 말없이 지켜보더니 던지듯 말을 건넸다. "왜들 저러는 거지? 내가 이상한 거야?"

서초동 집회는 기괴하기 짝이 없었다. 아니, 나라 전체가 허물어지고 주저앉는 것 같았다. 조범동과 김경록과 정경심의 유죄로 사모펀드의 전모가 드러나고 인턴활동 확인서가 모두 조작·위조되었다는 판결이 서초동 집회 1년여 후에야 나왔기에 유무죄 판단이 어려웠다고 하더라도, 서초동 집회는 우리 사회가 당연하다고 여겼던 상식을 거슬렀다. 일반인은 감히 그렇게 살지 못했다. 대부분의 대중은 스펙 품앗이를 할 네트워크에 접근하기조차 힘들었다. 네트워크를 형성할 수 있는 사람들도 그렇게 함부로 표창장을 위조하고 인턴활동 확인서를 위조하면서까지 스펙을 부풀리지는 못했다.

　검찰 수사가 과도한 측면이 있다 해도, 서울대와 동양대의 교수 지위를 이용해서 허위스펙 쌓기를 대범하게 감행한 사람이 검찰개혁 적임자이자 법무부 장관인 현실은 사람들의 상식 범위를 벗어났다. 그런데 어떻게 열정 가득한 대규모 인파가 운집해 검찰을 조롱하고 조국 일가를 수호하는 일이 벌어지고 있는 것인가. "내가 이상한 거야?" 이 땅의 많은 사람들은 전도된 세상에 극심한 혼란을 느꼈다. 기존 보수와 진보 양 정치진영의 대립과는 너무도 다른 낯선 혼돈이었다.

　조국의 법무부 장관 임명부터 정경심의 제1심 판결이 선고될 때까지 나는 대학 입학 후 맺은 대부분의 인간관계와 매일매일 이별해야 했다. 운동권의 대학 선후배 관계, 청년단체 운동 시절 맺었던 관계, 사법 시험 공부나 민주사회를위한변호사모임 활동을 통해 맺은 관계에서 정치적으로뿐만 아니라 인간적인 기대도 내려놓아야 했다.

그들은 독재에 항거해 싸우며 민주와 정의를 입에 달고 살았던 투사이자 진보 담론을 선도해온 지식인들이었다. 그러나 그들은 사실을 파악하려 하지 않았다. 혼탁하고 지저분하게 쌓인 사실의 더미 속을 헤집고 진상을 파악해보려는 노력조차 하지 않았다. 그들에게는 조국 일가의 의혹과 복잡한 수사와 법리 논쟁이 아무런 갈등을 유발하지 않았다. 모든 상황이 자명한 듯했다. 조국 수사는 검찰개혁을 저지하려는 검찰 쿠데타이며, 조국 일가는 검찰개혁을 주장하다 핍박받는 순교자였다. 자신들은 거악에 맞서서 숭고한 촛불혁명을 수행하는 정의의 십자군단이었다.

사모펀드의 세계가 낯설고 그 세계를 규율하는 법리는 법조인들에게도 난해하니 모를 수 있었다. 그런데 어찌 입시비리 의혹에 대해서도 진위를 파악해보기도 전에 검찰 수사를 검찰개혁에 반발하는 정치적 수사라고 프레임을 짤 수 있단 말인가. 그토록 기득권의 특혜와 반칙을 비판하던 입으로 조국 일가의 초엘리트 네트워크의 관행을 덮어놓고 감싸고 비호하며, 무고한 일가가 윤석열의 정치적 야망 때문에 멸문지화를 당하고 있다는 비판의 정념을 불태울 수 있단 말인가.

"왜들 저러는 거지?" 그 괴로운 의문은 쉽사리 떨쳐낼 수도 해소되지도 않았다. 이들을 이해할 수 없었다. 이미 이념공동체가 아닌 이익공동체임에도 그를 가리기 위해 자신을 속이면서까지 이렇게 행동하는 것인지, 아니면 어떤 신념체계에 따라 자신들의 행위를 정당화하고 잘못을 판단할 능력을 상실한 것인지 구분조차 되지 않았다.

보수진영뿐만 아니라 진중권 교수와 같은 진보진영 측에서도 문재인 정부의 주축을 이루는 인사들이 과거 운동권 주사파이기 때문에 서초동 집회 같은 맹신적 현상이 나타난 것이라고 분석했으나 내 의문을 해소하기에는 미진했다. 참여정부에도 운동권 주사파 인사들이 많이 참여했지만, 이렇게 비상식적인 행태를 보이지는 않았다. 서초동 집회와 조국사태가 주사파 운동권 문화의 필연적 귀결이라고 보기는 힘들었다. 어디서부터 잘못된 것일까. 무엇이 서초동 집회를 정당화했을까.

2012년 〈나꼼수〉 정봉주가 BBK 문제로 구치소에 수감되자 〈나꼼수〉 청취자 여성들이 비키니 사진을 찍어 보냈었다. 나는 그 사건을 여성들이 〈나꼼수〉가 권력을 행사하는 방법을 차용하여 순간적인 해방을 얻고 일체화되는 파시즘의 메커니즘으로 이해했었다.

파시즘 연구의 결정판으로 소개되는 로버트 O. 팩스턴의 『파시즘』과 빌헬름 라이히의 『파시즘의 대중심리』는 그 괴이쩍고 불쾌하고 논쟁적인 사건을 이해하는 하나의 시각을 제시해주었다. 그러나 그때는 비키니 사진 보내기가 일종의 유희요, 놀이 였듯이 그들을 '파시즘'이라고 놀리는 것도 재미있는 해석일 뿐 이었다. 조국사태 이후, 특히 로버트 O. 팩스턴의 『파시즘』은 이 물구나무 선 세상에서 정신을 부여잡고 버틸 수 있는 훌륭한 지침서가 되어주었다.

· 자신의 집단이 희생자라는 믿음
· 내부의 적이건 외부의 적이건 모든 적에 대해 법률적, 도덕 적으로 한계가 없이 어떤 행동도 정당화하는 정서
· 필요한 경우 배제적 폭력이라도 동원해 공동체를 더 깨끗 하게 더 긴밀히 통합해야 한다는 요구
· 지도자의 본능이 추상적이고 보편적인 이성보다 우월하다 는 믿음
· 집단의 성공에 바쳐지는 폭력의 아름다움과 의지의 위력을 찬미하는 태도
· 사회진화론적 투쟁 속에서 공동체의 용맹성이라는 유일한 기준으로 결정되는 권리

조국사태에서 드러난 집권여당과 지지자들의 행태를 로버트 O. 팩스턴이 열거한 위 파시즘의 징표들 대부분이 그대로 설

명하고 있었다. 정권을 잡고도 자신의 집단이 기득권의 희생자라는 피해의식. 적으로 상정한 검찰과 언론에 대한 법률적, 도덕적 한계를 벗어나는 행위를 정당화하는 정서. 반대자들을 배제하기 위한 사이버 폭력으로 친문의 순혈주의를 유지하겠다는 결속력. 문재인 대통령과 조국의 본능을 추상적이고 보편적인 이성보다 앞세우는 맹신. 친문친조 성공을 위해서 윤석열과 한동훈 등 '검찰과 친검 기레기를 격파하는 폭력을 찬미하는 태도. 김용민, 김남국 의원 등 강성 공격수들의 용맹성을 당권 부여의 기준으로 삼는 태도.

거짓에 기반하면서도 정당화된 증오는 시대의 필요이거나 좌절된 욕망의 분출이다. 적폐세력에게 밀리면 죽는다는 그 절박함이 빚은 무법적 광기와 정당화의 기저는 노무현 트라우마였다.

5장

비극의
서막

그날,
평검사와의 대화

서초동 집회의 기괴함을 정당화하는 '검찰개혁' 열정의 씨앗은 그날 배태하기 시작했다. 노무현 대통령이 정부서울청사에서 '전국 검사들과의 대화'를 한 2003년 3월 9일, 그날은 비극의 서막이었다. 나는 사법연수원 2년 차 검사 실무수습을 위해 검사시보로 서울지검에 있었다.

강금실 법무부 장관이 마련한 고등검사장 승진안의 대상은 4명에 불과했지만, 검찰의 관행상 사시 16회 이상 19명이 무더기로 옷을 벗어야 했다. 검찰은 이를 '대통령의 검찰 장악 카드'로 규정하며 승진안의 '철회'를 요구했다. 강금실 장관은 검찰의 주장을 '대통령 인사권에 대한 항명'으로 규정했다. 노무현 대통령은 평검사들과의 직접 대화를 시도하는 파격을 단행했다. 대통령이 직접 '항명'의 당사자들과 나누는 대화가 여과 없이 TV로 생중계되는 파격적인 역사의 현장이었다. 검사시보였으니 행사 내용을 자세히 알 수 없었으나 서울지검 건물 전체를 감도는 팽팽한 긴장감은 확연히 감지했다.

노무현 대통령의 모두 발언 이후 허상구 검사가 준비한 원고로 질문의 포문을 열었다. 전국 평검사들이 정치권력을 바라보는 시각과 검찰의 정치적 중립에 관한 생각 및 요구사항을 압축해놓은 교과서적 발언이었다.

"평검사들이 오늘의 이 사태까지 이르게 된 경위에 대해서 말씀을 드리겠습니다. 토론에 들어가기에 앞서 이 자리를 마련해주신 대통령님께 감사드립니다. 또한 검찰의 문제로 많은 심려를 끼친 데 대해 국민 여러분께 진심으로 죄송하게 생각합니다. 오늘 저희는 검찰의 정치적 중립을 염원하는 전국 평검사들의 뜻을 모아 국민들과 대통령님께 전달하고자 합니다.

먼저 그동안 일부 정치적 사건을 투명하고 엄정하게 처리하지 못하였던 것이 사실입니다. 검찰은 인권의 최후 보루라는 국민적 기대와는 달리 국민의 인권을 철저히 보장하지 못한 사례도 있었습니다. 그 책임이 저희에게 있다는 국민의 질책을 겸허

하게 받아들이고 깊이 반성하고 있습니다. 저희는 참여정부가 검찰의 정치적 중립을 보장하겠다고 천명해왔기 때문에 이번에 야말로 국민의 검찰로 바로 설 마지막 기회라고 믿고 많은 기대를 해왔습니다. 저희도 서열이나 기수에 얽매이지 않고 능력과 인품이 훌륭한 분들을 중용하여야 한다고 생각합니다. 또한 그동안 검찰의 중립성을 훼손하는 행태를 보여온 일부 정치검사들은 응분의 책임을 져야 한다는 대통령의 뜻에도 전적으로 공감하고 있습니다.

그러나 이번 검찰 인사를 지켜보면서 대다수 검사는 과연 참여정부가 검찰의 정치적 중립을 보장해줄 의지가 있는지 의심을 갖게 되었습니다. 이번 인사는 공정하고 투명한 절차를 거치지 않은 밀실 인사의 답습이었습니다. 객관적인 기준과 투명한 절차를 거치지 않고 정치권이 임의로 발탁한 인사는 또다시 정치권에 줄 대기를 초래하여 결국 검찰의 정치적 예속만을 심화시킬 뿐입니다. 과거 정권교체기마다 개혁을 위한 인적청산이라는 이름으로 매번 파격적 인사가 이루어졌으나 오히려 검찰의 정치적 중립을 훼손하는 결과만 초래했습니다. 개혁을 위한 인적 청산을 내세워 과오가 증명되지 않은 검사를 퇴진시키는 일은 없어야 합니다. 발탁인사라는 이름으로 도덕성과 능력이 충분히 증명되지 않은 검찰 간부가 중용되는 일도 없어야 합니다. 검찰이 바로 서려면 무엇보다 검찰이 정치권을 비롯한 외부의 영향을 받지 않아야 합니다. 이는 객관적 기준과 투명한 절차에 의한 검찰 인사 없이는 불가능하다고 생각합니다.

　이를 위하여 정치권력으로부터 독립된 인사제도를 수차 건의하였습니다. 그 내용은 정치적 영향으로부터 자유로울 수 없는 법무부 장관의 인사제청권을 검찰총장에게 이관하고, 외부인사와 평검사들이 참여하는 검찰총장 추천위원회를 구성하여 총장 후보를 추천하며, 법무부 장관이 개별사건에 대하여 검찰총장을 지휘하지 못하도록 하는 등의 내용이었습니다. 전국 평검사들이 이번 인사와 관련하여 의견을 표출한 것은 집단 이기주의가 아닙니다. 대통령의 인사권 행사에 도전하는 것은 더더욱 아닙니다. 오히려 대통령의 고유권한인 인사권이 합리적이고 공정하게 행사될 수 있도록 제도적 보완책이 필요하다는 검사들의 충정을 표시하고자 한 것입니다. 저희들은 정치적 사건을 포함한 모든 사건을 처리함에 있어 오로지 법과 원칙에 따라 수사할 것이며 수사과정에서 국민의 인권 보장을 더욱 철저히 할 것을 약속드립니다."

　전국 평검사들의 의견을 취합한 허상구 검사의 발언 중 요구 사항의 일부는 입법에 반영되어 검찰청법 개정의 계기가 되었다. '전국 평검사와의 대화' 일 년 후 검찰청법은 검사의 임명과 인사에 대한 검찰총장의 사전 의견제시권을 신설하여 정치권력의 일방적인 밀실·정실 인사가 되지 않도록 견제장치를 만들었다.[30]

문재인 대통령도 당선 직전인 2017년 1월 국회 의원회관에서 권력적폐청산 긴급좌담회를 열고 "인사추천실명제로 추천부터 인사 결정의 전 과정을 기록으로 남기겠습니다. 밀실·정실 인사가 감히 발붙이지 못하도록 제도화하겠습니다"라고 약속했다. 특히 검사의 밀실·정실 인사는 검찰을 "정권의 주구"로 비난받게 하는 대표적인 원인이었다.

사달은 허상구 검사가 평검사들의 의견을 잘 정돈한 원고를 읽은 후에 사족으로 붙인 '부탁'에서 시작했다.

"검사들은 대통령님을 '토론의 달인'으로 생각하고 있습니다. 하지만 저희들은 토론과는 익숙하지 않은 사람들입니다. 그래서 대통령께서 저희들을 토론으로 제압하시겠다면 이 토론은 무의미하다고 생각합니다. 보나마나 대통령님의 승리이십니다.

---

30 "검사의 임명 및 보직은 법무부 장관의 제청으로 대통령이 행한다"고 규정되어 있던 검찰청법 제34조는 2004년 1월 20일, "검사의 임명 및 보직은 법무부 장관의 제청으로 대통령이 행한다. 이 경우 법무부 장관은 검찰총장의 의견을 들어 검사의 보직을 제청한다"로 개정되었다.

따라서 대통령님께서 검사들을 제압하려고 하지 마시고 어렵게 마련된 자리이니만큼 검사들의 의견을 많이 들어주십시오…지금 정부는 참여정부라고 하지만 이번 인사에서는 검사들의 참여가 전혀 없는 정치권의 일방적인 밀실 인사라고 저희는 그렇게 생각하고 있습니다. 대통령께서는 인적청산을 하시겠다고 말씀하셨습니다. 좋습니다. 인적청산 하입시다. 그러나 과거 독재정권하에서 있었던 인적청산과 어떤 차이가 있는지 저희는 알지 못합니다. 설명해주십시오."

노무현 대통령은 즉각 특유의 진솔하고 명쾌한 방식으로 불쾌감을 표현했다. "여러분을 제압할 수 있다, 이 전제에 대해 동의하지 않습니다. 설사 그렇다 하더라도 재주로서 진실을 덮으려고 하는, 제가 잔재주나 가지고 여러분을 제압하려고 하는 인품의 사람으로 비하하는 뜻이 들어 있습니다. 나는 상당히 모욕감을 느끼지만, 이 자리에선 토론에 지장 없이 서로 웃으며 넘어갑시다.(후략)"

김영종 검사는 "대통령에 취임하시기 전에 부산 동부지청장에게 청탁 전화를 하신 적이 있습니다. 그것은 뇌물사건과 관련해서 잘 좀 처리해달라는 것이었는데요. 신문 보도에 의하면요.

그때는 왜 검찰에 전화하셨습니까?"라고 물었다. 노무현 대통령의 당황한 듯한 "이쯤 가면 막하자는 거지요?"라는 응수는 유행어가 되었다.

이정만 검사는 정치적 중립성을 보장해준 대통령은 한 분도 없었다면서, 노 대통령의 형 노건평 씨가 국세청장의 인사를 청탁했다는 보도를 문제 삼았다. 노 대통령의 친인척 비리 수사에 대한 정치적 중립성 보장 의지를 묻고자 하는 취지였다. 노 대통령은 "그런 이유로 검찰이 자신을 불신한다면 나도 같은 이유로 바로 지금의 검찰 상층부에 대해서 불신을 가지고 있다"고 답했다. "형님 얘기 이런 자리에서 꺼내서 굳이 대통령 낯을 깎을려고 할 이유가 있을까요? 정말 이런 식으로 토론하시렵니까?"라고 모욕감을 거칠게 드러내기도 했다.

법조 경험도 쌓이고 세상의 좌우와 상하를 살필 삶의 경륜이 늘어난 이 시점에서 다시 저 날의 대화를 돌아보면, 검사들에게서 받은 대통령의 모멸감도, 권력에 휘둘린 검찰의 역사를 지켜본 평검사들의 피해의식 모두를 충분히 이해할 만하다. 그러나 저 날 대화의 정치적 성격은 박경춘 검사의 질문이 결정했다.

"모 언론 기사를 보면 대통령님께서 83학번이다라는 보도를 어디서 봤습니다, 제가. 혹시 맞습니까?"

위험수위를 계속 넘나들며 위태롭게 충돌하는 대화를 생중계로 지켜보던 국민들은 충격을 받았고 분노했다. 학벌을 무시당하고 답변을 하지 못하는 대통령에 대한 애처로움은 피의자를 신문하는 태도로 대통령을 조롱하고 노골적으로 무시하는 오만한 검사들에 대한 분노로 직결됐다. 대통령은 가장 높은 권좌에 앉았어도 피해자요 약자였고, 검찰은 국민이 지켜보는 앞에서도 5년 단임의 고졸 대통령쯤은 무시하고 조롱할 수 있는 무소불위의 오만한 강자라는 인식이 국민의 뇌리에 깊이 각인됐다. 그날 검찰개혁을 향한 열망은 민들레 홀씨처럼 사방에 흩뿌려졌다. 내게도 검찰개혁은 역사적 사명이 되었다.

금태섭 의원은 윤석열 총장의 징계 문제로 온 나라가 들썩이던 2020년 11월에 그날 평검사들과의 대화가 끝난 뒤의 풍경을 전해주었다. "잘 알려지지 않은 에피소드가 있는데, 그날 노 전 대통령의 이런 ("지금의 검찰 상층부에 대해서 불신을 가지고 있다") 발언을 듣고 검찰총장에게 사퇴하라고 직언을 해서 사표를 받아 내다시피 했던 것은 검사들이었다. 검사들과의 대화를 TV로 지켜본 검찰총장이 퇴근하려고 청사를 나서고 있었는데, 그 모습을 본 대검 기획과장(부장검사)이 슬리퍼 바람으로 쫓아나가서 그날 사표를 내야 한다고 막아선 것이다. 국정 책임자인 대통령이 자기 입으로 직접 같이 가기 어렵다고 한 이상 검찰총장이 사퇴해야 한다는 것이 검사들의 생각이었고, 검찰총장도 결국 동의했다"는 것이다.

대통령 위에 군림하는 무소불위의 집단처럼 보였지만 검사들도 뼛속까지 임명권자인 대통령을 보좌하는 공무원들이었다. 검찰 상층부가 권력의 외압을 막아주길 바라고 정치권력으로부터 수사의 정치적 중립성을 보장받고 싶어 하는 무인의 콧대 높은 기개가 국민의 감정을 건드린 대가는 상상 이상으로 컸다. 그날 그 자리, 그리고 노무현의 서거는, 문재인의 운명을 움켜쥐고 검찰개혁의 방향과 목표를 정했다.

노무현 트라우마는 파시즘적 프로파간다의 질료質料였다. "프로파간다는 대중을 특정한 방향으로 생각하고 행동하도록 유도하는 홍보 전술을 말한다…효과적인 프로파간다일수록 반성적 사고를 막기 위한 교묘한 언어를 사용한다. 프로파간다에 설득당하면 문젯거리와 갈등의 원인은 어디까지나 외부에 있으므로 심리학적 '투사透寫'로 인해 대중은 편안해진다. 투사란 자신이 타자에게 적개심을 갖고 있으면서, 오히려 타자가 그런 공격성을 갖고 있다고 지각하는 것이다."[31]

---

31 최은창, 『가짜뉴스의 고고학』(동아시아, 2020), 102쪽.

결집된
열정의 변이[32]

    1933년 독일은 새로 들어선 나치 정부의 혁명적 열정으로 활기가 넘쳤다. 독일을 여행하는 외국인들은 활기 속에서 실제 무슨 일이 벌어지는지 알 수 없었다. 유대인은 독일국민 6,500만 명의 1%에 불과했다. 부임한 지 채 두 달이 안 된 독일 주재 미국 대사 윌리엄 도드의 딸 마사도 미국 언론사의 특파원 슐츠가 슈츠하프트(보호구치) 벙커나 게슈타포에 대한 이야기를 해주어도 "(나는) 슐츠의 이야기를 하나도 믿지 않았다. 그녀가 과장하고 있으며 약간 히스테릭하다고 생각했다."

---

32 로버트 O. 팩스턴, 『파시즘』(교양인, 2005)에서 발췌, 요약, 참조.

며칠 후 마사가 일행과 뉘른베르크를 여행하던 중에, 갈색셔츠단 돌격대 무리가 '나는 내 자신을 유대인에게 바쳤다'는 글이 쓰인 플래카드를 목에 건 한 여성을 끌고 다니는 광경을 직접 목격했다. 머리를 박박 민 데다가 머리와 얼굴이 하얀 가루로 뒤덮인 안나 라트라는 여성은, 나치가 아리안족 혈통 순수성 보호를 위해 유대인과의 결혼을 경고했는데도, 유대인 남성과 약혼하기로 했던 것이다.

마사의 일행 중 특파원 레이놀즈 기자가 미국 본사로 기사를 송고했다. 독일은 사실을 부정하다가 미국 대사 딸이 함께 목격했다는 것을 알게 되자, 안나 라트 사건은 단독사건이라며 주모자의 처벌을 약속했다.

괴벨스는 기자회견을 열었다.

"이런 일이 간혹 발생하는 이유를 설명해드리죠. 바이마르 공화국 12년 동안 우리 국민은 말 그대로 감옥에 갇혀 있었습니다. 12년간 감옥에 있던 남자가 느닷없이 자유의 몸이 되면, 기쁨에 못 이겨 비이성적인, 어쩌면 잔혹한 행동까지 할 수도 있습니다. 당신네 나라에서도 그런 일이 있을 수 있지 않습니까?"

마사는 그들의 해명을 받아들이고 싶었다.

"그건 단독사건일 뿐이에요. 중요한 사건도 아닌데, 나쁜 인상만 심어주게 될 거예요. 독일인들이 기울이고 있는 건설적인 노력을 무색하게 만들 뿐이라고요. 젊은 사람들은 선하고 진실하며, 건강하면서도 잔혹한 매력이 있고, 훌륭하고 희망차고, 기꺼이 죽고 기꺼이 사랑하고, 심오하고 경이로우며 기이한 존재들이에요. 이 현대 독일의 젊은이들은요."[33]

로버트 O. 팩스턴은 '파시즘'은 '좌파와 자유주의적 개인주의에 맞서는 대중운동의 일반적 현상'을 가리키는 포괄적인 용어로서, 폐기되어서는 안 된다고 강조한다. "파시즘이라는 용어는 함부로 쓰여서는 안 되며, 또 그렇게 쓰여왔다고 해서 폐기되어서도 안 된다. 파시즘은 실로 20세기의 가장 중요한 정치적 창조물로서 좌파와 자유주의적 개인주의에 맞서는 대중운동이었다." 파시즘 정권은 수사와 서사와 음모론으로 대중심리를 조정할 수 있는 뛰어난 선동술을 습득해서 대중의 광적 맹목성과 폭

---

33 에릭 라슨, 『야수의 정원』(은행나무, 2012) 참조.

력성을 결집시키는 데 성공한 정권이다. 파시즘 발명기인 20세기에는 적대의 대상이 좌파와 자유주의적 개인주의였지만, 동구 공산주의 국가의 몰락 이후 21세기에는 파시즘적 세력을 결속시킬 수 있는 집단이라면 적대의 대상이 좌파에 한정되지 않는다. 트럼프 정권은 백인 남성들의 정체성에 대한 불안감을 이용하여 이민자나 유색 소수인종을 적대시하며 파시즘적으로 진화했다.

'진보언론과 구좌파가 노무현을 박해하고 왕따시켜서 검찰의 과잉수사를 막아내지 못하고 지켜주지 못해 노무현이 자살했다'는 원한과 복수심. 다시는 우리의 지도자를 기득권 카르텔의 공격에 무력하게 빼앗기지 않겠다는 다짐. 친문세력의 그 심리 메커니즘은 유대인 지도자가 이끈 공산주의 폭동이 독일이 제1차 세계대전에서 패한 원인이라고 여긴 히틀러 나치당과 괴이하게 닮았다.

문재인 정권과 그 지지자들의 심리적 결속과 권력적 열정을 '파시즘'으로 규정하는 일은 심한 반발과 저항에 부딪힐 것이다. 조국사태를 비판하고 문재인 정권에게 등을 돌린 사람들조차 조국사태 이후의 문재인 정권을 파시즘으로 규정하는 것은 과장되고 히스테릭한 주장이라고 여길 것이다. 파시스트들의 끔찍한 학살의 역사는 현대 민주사회의 비폭력적 정권을 그와 비교하는 것에 거부감을 갖게 한다. 특히 눌변의 점잖은 문재인 대통령을 히틀러에 비유하는 게 가당하기나 한지 의문을 제기할 것이다. 히틀러나 무솔리니는 대중을 사로잡는 연설능력으로 유명하다. 무솔리니는 당시 유행했던 귀스타브 르 봉의 『군중심리』를 탐독했고, 바그너 오페라 관람을 즐겼던 히틀러는 오페라 가수들의 극적인 제스처를 흉내내는 드라마틱한 연설기술을 배우고 연습해서 대중을 사로잡는 연설능력을 키웠다.

그러나 로버트 O. 팩스턴은 파시즘의 상투적 이미지, 특히 무아지경에 빠진 군중 앞에서 열변을 토하는 광신적 애국주의 선동정치가의 이미지는 파시즘을 인격화함으로써 모든 원인을 지도자에게로 돌리는 우를 범한다고 했다. 파시즘의 상투적인 이미지는 파시즘의 전체 행로 중에 극적인 순간에만 집중했지, 일상적인 경험의 구체적인 모습이나 파시즘 체제의 성립과 기능에 보통 사람들이 어떻게 협력했는지를 파악하지 못하게 한다는 것이다. "파시즘 정권이 어떻게 작동했는지를 철저히 이해하려면 평범한 사람들의 삶까지 파고들어 그들이 일상생활에서 어떤 선택들을 했는지 살펴보아야 한다."

팩스턴은 파시즘은 대중이 강권적 통치에 의해서가 아니라 자발적으로 증오와 폭력의 정치에 가담하는 것이 군사독재나 권위주의 체제와 구별되는 특징이라고 파악한다. 군사독재와 권위주의 체제는 무력 조직이나 권위적 폭정으로 시민들을 억압하며 침묵시키지만, 파시즘은 대중의 열정을 끌어모아 대중의 권력 지향적 욕구를 분출시켜서 카타르시스를 느끼게 하고, 권력 지배의 외적 팽창을 위해 공동체의 단결을 강화하는 기술을 찾아냈다는 점에서 아주 새로운 현상이라고 했다. 이탈리아 파시즘 정권으로부터 추방당한 교수 가에타노 살베미니는 "파시즘은 생활에서 민주주의와 적법절차를 제쳐두고 거리에서 들려오는 군중의 목소리에 결정권을 맡겨버리는 것"을 뜻한다고 했다.

또 파시즘은 뭔가 장엄하고 웅장하다는 통념도 존재한다. 파시즘이 거창한 것은 그 미학이나 철학의 우수성에 기인한 것이 아니라 극한의 폭력성과 전체주의성에 기인한다. 히틀러와 무솔리니도 파시즘 초기 단계에서는 볼품 없고 품위 없고 조악했다. 보수세력이 히틀러와 무솔리니가 정권을 장악하는 데에 조력한 것은, 공산주의자들을 몰아내고 노동자를 제압하기 위한 것인데, 그들은 촌스러운 풋내기들이 권력적 지위를 가져도 사용할 능력이 없을 것이므로 자신들이 관리할 수 있다고 오판했다. 1930년대 유럽 각국에 만연했던 파시즘 중에서 마지막 단계까지 치달아 성공한 정권은 나치당뿐이었다.

팩스턴은 '대중이 점차 격렬하게 분출되는 충동으로 분노를 결집하여 권력을 장악하고 급진화되는 과정, 메커니즘'으로 파시즘을 이해한다. 그는 "파시즘은 일관되고 논리정연한 철학에 연결돼 있다기보다 파시즘적 행위를 형성하는 일련의 결집된 열정에 연결되어 있다"고 보았다. 파시즘을 어떤 철학적 이데올로기적 체계성을 가진 이념이 아니라고 본다. 그래서 파시즘은 어떤 이데올로기와도 결합할 수 있다.

파시즘을 진화하는 운동으로 파악하는 팩스턴은 파시즘을 5단계로 나눈다. 파시즘은 탄생해서, 뿌리를 내리고, 권력을 장악한 후, 권력을 행사하고, 급진화한다. 분노를 자양분으로 좌파와 자유주의적 개인주의를 공격하는 파시즘의 1단계는 대부분의 민주주의 사회에서 찾아볼 수 있다고 했다. 급진화 단계는 파시즘을 가장 뚜렷하게 보여준다. 어떤 정권도 급진화될 수도 있지만, 자기 파괴에 이를 정도로 격렬한 폭력을 분출하는 파시즘적 충동의 깊이와 위력에는 결코 미치지 못한다. 이 최후의 단계에서는 비교가 거의 불가능하다. 실제로 마지막 단계까지 도달한 파시즘 운동은 유일하게 나치 정권뿐이었기 때문이다.

팩스턴은 파시즘이 어떻게 뿌리를 내리고 권력을 장악하는지 그 단계를 제대로 파악하고 파시즘이 성공을 거두었던 과정을 이해한다면 위기에 직면한 정치적 교착 상황에서 나타나는 불길한 경고 표지를 더 많이 읽어내고 제때 현명하게 대처할 가능성도 훨씬 커질 것이라고 조언한다. 초기 파시즘이 권력 장악을 향해 더 나아갈 것인지는 위기의 심각성 정도와 부분적으로 상관이 있지만, 무엇보다 사람들, 특히 경제·사회·정치적 권력을 쥔 사람들의 선택에 달려 있다.[34]

---

34   로버트 O. 팩스턴, 『파시즘』(교양인, 2005), 458, 490쪽.

문재인의 운명,
검찰을 생각한다

참여정부는 우리 사회에 본격적인 대중정치 시대를 열었다. 참여정부가 몰락한 직후 광우병 촛불집회에서 확인된 대중의 자발적 정치참여 열기는 노무현 대통령의 비통한 죽음으로 불꽃처럼 타올랐다. 노무현 대통령의 죽음이 활짝 연 대중정치의 공간은 유시민과 같은 대중선동가들에게는 다시 오지 않을 일생일대의 기회였다. 노무현 대통령을 죽인 특정하기 모호한 적들에 대한 증오를 담고 전국으로 강연을 다니던 유시민은 옛 개혁당 출신이 주도해 창당한 국민참여당에 합류해 대통령의 꿈을 키웠다. 그는 노무현 유산의 적장자를 자처했다.

문재인과 이해찬, 한명숙을 중심으로 하는 친노세력은 노무현재단과 '혁신과 통합'을 만들고 김어준과 탁현민 등 출중한 공연 연출자들과 손잡고서 '바보 노무현'을 무시하고 죽음에 이르게 한 사람들의 죄의식을 "세밀하게 연출된 의식儀式과 감정이 가득 실린 수사修辭"로 은밀하게 자극하여 노무현 트라우마를 문재인의 지지로 전환하고 결집시키는 데에 성공했다.

문재인은 2011년 5월 『문재인의 운명』으로 2012년 대선 출사표를 던졌고, 이어 11월에 김인회 교수와 공저로 『검찰을 생각한다』를 출간했다. 문재인이 2012년 대선 전에 국가운영의 철학을 밝힌 유일한 책이 『검찰을 생각한다』였다. 폐족의 지경까지 추락했던 친노친문 세력에게, 검찰은, 참여정부의 실패와 노무현 대통령 가족과 측근의 뇌물수수 혐의를 숨기고 친문의 불행을 맘껏 탓하고 증오할 적摘으로 삼을 수 있는, 쉽게 알아볼 수 있고 충분히 무시무시한 가해자였다.

『문재인의 운명』에서 문재인 대통령은 "검찰과 언론이 한통속이 돼 벌이는 여론재판과 마녀사냥"과 "망신 주기 압박으로 굴복을 받아내려"고 "심지어 검찰 관계자라는 이름의 속칭 '빨대'가 이야기를 더 풍부하게 보탰다"고 했다. "무엇보다도 아팠던 것은 진보라는 언론들이었다"고도 했다.

그러나 '언론이 풍부하게 보탠 소설'로 제시된 사례는 "뇌물로 받은 1억 원짜리 시계를 논두렁에 갖다 버렸다는 '논두렁시

계' 소설"뿐이었다. 이인규 전 대검찰청 중앙수사부장은 지난 2015년 2월에 국정원이 검찰 조서에도 없는 '논두렁'을 붙여 노 전 대통령 망신주기에 앞장섰다고 밝혔다. 노무현 대통령이 박 연차 전 태광실업 회장으로부터 회갑 선물로 받은 1억 원 상당 피아제 시계 2개를 권양숙 여사가 논두렁에 버렸다는 2009년 당시 언론 보도와 관련해 "(국정원이) 말을 만들어서 언론에 흘 린 것"이라는 것이다. "노 전 대통령은 '시계 문제가 불거진 뒤 (권 여사가) 바깥에 버렸다고 합디다'라고 답한 게 전부"라고 말 했다.[35]

국정원이 정치에 관여한 것은 국정원법 위반이다. 언론이 국 정원이 제공한 정보를 확인 없이 보도해서 대중의 조롱을 부추 긴 것도 문제다. 그러나 '청탁을 하면 패가망신한다'던 노무현 대통령 가족의 모순된 행위에 실망하고 분노한 대중에게 '바깥' 과 '논두렁'이 과연 진실과 소설의 차이로 받아들여질까. 공소 시효 전에 언론 등 관련자들이 허위사실 적시 명예훼손으로 기 소되었다면 법원이 '논두렁'을 허위사실 적시로 판단했을까 아 니면 '다소 과장되고 잘못된 표현'에 불과하다고 판단했을까.

『문재인의 운명』은 '마녀사냥과 오만한 수사로 인한 고통'은

---

35 「국정원 '허위사실 유포' 명예훼손 혐의 가능성」, 〈경향신문〉(2015.02.27.)

풍부하게 서술했지만, 구속되어 유죄 판결을 받은 창신섬유 강금원 회장, 정상문 총무비서관, 박연차 회장의 범죄사실은 기술하지 않는다. 그들과 노 대통령 형님 노건평, 권양숙 여사의 관계도 혐의사실도 기술하지 않았다.

강금원 회장은 회삿돈을 횡령해서 안희정, 윤태영 대변인, 여택수 행정관, 명계남 등 참여정부 인사들에게 몇천만 원에서 몇억 원씩의 용돈을 챙겨줬다. 박연차 회장은 노건평에게 뇌물을 건넸다. 정상문 총무비서관이 유죄를 받은 범죄사실 중 횡령금 '12억 5,000만 원의 대통령 특수활동비'는 권양숙 여사에게 전달된 것이었다. 『문재인의 운명』은 이 부분을 "대통령에게 큰 실수를 하게 된 권 여사님은 우리들에게 너무 면목 없어 했다"고 하거나, 노무현 대통령이 "장래에 대해 아무런 믿음을 못 주니 집사람과 정상문 비서관이 그렇게 한 게 아니겠는가. 다 내 잘못이다"라고 간접적으로 기술하고 넘어간다.

노 대통령은 고위공직자부패수사처 설립을 주도했고 "청탁을 하면 밑져야 본전이 아니라 패가망신"이라는 파격적인 언사로 공직자의 청렴을 강조했다. 공직자의 도덕성과 청렴을 강조한 대통령 일가의 뇌물수수 혐의와 특수활동비 횡령 혐의는 온 국민의 관심사였다. 대중의 관심사를 앞다투어 선정적으로 보도하는 것은 언론의 생리에 가깝다. 미국은 공적 인물의 공적 관심사는 개인의 인격권보다 국민의 알 권리를 전적으로 우선한다. 박근혜 대통령과 최순실의 국정농단 사태 때나 이명박 대통령의 BBK나 내곡동 사저 의혹 때도 언론 보도는 더하면 더했지 그에 못지않았다. 문재인 대통령이 소위 적폐청산 수사 때 언론의 부풀리기식 망신주기와 마녀사냥과 여론재판에 대해 지적하고 시정조치를 명하거나 검찰의 피의사실공표를 문제 삼았다는 보도는 없었다.

패배는 개인이든 집단이든 자아의 정체성과 자긍심을 심각하게 훼손하는 고통이다. 정치집단을 이끌려는 대중선동가들은 패배의 결과에 승복하지 못한다. 수모를 견디며 패배의 원인을 자신의 부족과 잘못에서 찾고 약점을 극복하는 강한 자아를 갖지 못한 연약하고 성마르고 병적인 대중선동가들은 자신과 집단의 위대함을 증명할 수 있는 수단을 강구해서 자신들의 추종자를 묶어놓으려 안간힘을 쓴다. 선거의 경우 '부정선거'라는 음모론 유포로 악에 대항하려는 정의감을 묶어 세우려 하고, 정치적 적을 '악마화'해서 집단 내부의 공격적 열정을 결집시킨다. 당장 외부의 적을 무너뜨릴 수 없다면 내부의 '변절자'를 공격하는 방법으로 집단의 열정이 식지 않도록 몰아세운다.

『문재인의 운명』에서는 대검 중수부에 대한 비난과 원망이 가득하고『검찰을 생각한다』에서는 검찰의 특수수사 역량의 축소를 주장했지만, 박근혜, 이명박 수사 당시 문재인 정부는 문무일 검찰총장의 특수부 축소 의지에도 불구하고 특수 4부를 보강했다.

히틀러와 나치당의 돌격대에게 내부의 적은 "11월의 반역자"라고 부른 유대인과 볼셰비즘이었다. 히틀러는 제1차 세계대전에 참전했다. 1918년 11월 히틀러가 참호 속에서 터진 겨자 가스에 일시 실명하여 후방 병원에서 치료를 받던 중, 독일 전역에서는 전쟁에 반대하는 노동자와 병사들이 반란을 일으켰다. 공산당계 독일 수병 한 무리가 히틀러가 입원한 병동으로 쳐들어와 환자들을 혁명으로 내몰려고 했다. 최전선에서 근무한 적 없던 수병 지도자 3명은 모두 유대인이었다. 유대인과 볼셰비즘에 대한 히틀러의 증오심은 직접적인 경험에서 싹텄다. 전후 살인적인 인플레이션과 가혹한 전쟁배상금으로 고통받는 독일 민족에게 자신들이 겪는 불행을 탓하며 맘껏 증오할 적이 필요했다.

움베르토 에코의 소설 『프라하의 묘지』는 '시온의정서'가 어떻게 제작되고 대중의 마음을 사로잡았는지를 상세히 서술하고 있다. '시온의정서'는 유대인 장로들이 세계정복에 대한 음모를 꾸미려고 스위스 바젤에서 가진 24번의 비밀회의를 정리한 내용인데, 러시아 황제 차르의 기관원들이 쓴 위서僞書였다.

"민중에게 희망을 주기 위해서는 적이 필요합니다. 누가 말하기를 애국주의란 천민들의 마지막 도피처라 했습니다. 도덕적인 원칙과 담을 쌓은 자들이 대개는 깃발로 몸을 휘감고, 잡것들이 언제나 저희 종족의 순수성을 내세우는 법이죠. 자기가 한 국가나 민족의 일원임을 확인하는 것, 이는 불우한 백성들의 마지막 자산입니다. 그런데 그런 소속감은 증오에, 자기들과 같지 않은 자들에 대한 증오심에 바탕을 두고 있습니다. 증오심을 시민적인 열정으로 키워가야 합니다."[36]

마침 동구 피난민 로젠베르크가 히틀러에게 전달한 '시온의정서'는 히틀러의 경험적 증오심을 뒷받침하는 강력한 증거였다. '볼셰비즘은 세계정복을 꿈꾸는 부유한 유대인들의 수단'이라는 음모론은 패전과 그로 인한 극심한 고통을 만든 죄인을 찾아주었다. 음모론은 독일 민족에게 패전은 독일민족의 무능 탓

---

36   움베르토 에코, 『프라하의 묘지 2』(열린책들, 2013), 599쪽.

이 아니라는 희망을 주었다. 독일민족의 위대함을 증명하기 위해 내부의 적은 말살되어야 했다.

히틀러는 1919년 중앙위원이 7명에 불과한 독일노동당(국가사회주의독일노동당-나치당-의 전신)에 입당한 직후 훈련병들에게 교육용 편지를 썼다. 그의 첫 정치문서였던 히틀러의 편지는 유대인에 대한 비난으로 가득 찼다. '유대인들은 대중의 선의에 빨대를 꽂고 민주주의에 구멍을 내고 있다. 당당한 사람들 앞에서는 비굴하게 굴지만, 돈의 위력에 대해서는 너무 잘 알고 있다. 이들 인종은 폐결핵 균이다…궁극적인 목적은 너무도 당연한 불가역적인 유대인 제거에 있다…히틀러는 유대인에 대한 증오심을 긍정적인 정치 프로그램으로 바꾸는 데 성공한 것이다."37 "파시즘은 이성적인 논쟁을 직접적인 감각의 경험으로 교묘히 바꿔침으로써 정치를 미학으로 변형"38시켜 본질을 전도시키는 대중심리 조정술이자 통치기술이었다.

---

37 존 톨랜드, 『아돌프 히틀러 결정판』(페이퍼로드, 2019), 163쪽.
38 로버트 O. 팩스턴, 『파시즘』(교양인, 2005), 55쪽.

검찰개혁이라는
열망의 뿌리

문재인에게 노 대통령의 죽음은 "가족과 측근의 잘못에 대한 전직 대통령의 속죄"나 "우리의 후진적 정치문화의 결과"가 아니었다. 그에게 "노 대통령의 죽음은 정치적 타살"이었다.[39] 타살자는 이명박 정권, 검찰, 보수언론과 특히 더 아팠던 진보언론이었다. 만들어진 적敵에 대한 증오로 집단의 치부와 무능을 가리고 집단의 우수성을 확인받고 싶은 심리를 파고들어 대중을 결속시키는 정치가 바로 파시즘이다.

문재인 대통령은 『문재인의 운명』과 『검찰을 생각한다』에서

---

39 문재인, 『문재인의 운명』(북팔, 2017), 417쪽.

노무현 대통령의 죽음이 권양숙 여사나 형님 노건평 등 가족과 측근의 부패 때문이 아니라 검찰과 언론 때문이라는 프로파간다에 성공했다. 문재인은 노무현의 타살자에 대한 적개심을 검찰개혁과 언론개혁이라는 긍정적인 정치개혁 프로그램으로 바꾸는 데 성공한 것이다.

파시즘 지도자는 다른 정권과는 달리 일종의 지배권을 만끽한다. 파시즘 지도자의 정통성은 '카리스마'에 있다. 카리스마는 성직자나 당 간부들 없이 국민과 직접 나누는 신비한 교감을 뜻한다. 카리스마적 지도자는 국민에게 역사와의 특권적 관계를 약속한다.[40] 문재인 대통령도 지지자들에게 '촛불혁명시민'이라는 작위를 수여하고 검찰개혁과 언론개혁을 완수할 사명을 부여했다.

나를 포함한 운동권 모두의 '검찰개혁'이라는 열망의 뿌리는 노무현 대통령의 수사나 한명숙 총리의 수사가 아니었다. '강기훈 유서대필 조작사건'이었다. 1991년 4월, 명지대학생 강경대

40   로버트 O. 팩스턴, 『파시즘』(교양인, 2005), 288-289쪽.

가 백골단의 과잉진압으로 사망했다. 1991년 5월, 2,000회가 넘는 노태우 퇴진 투쟁 집회가 열렸고, 전국민족민주운동연합(전민련) 사회부장 김기설을 포함해 8명이 분신했다. 5월 25일에는 성균관대 김귀정이 시위 중 백골단의 토끼몰이식 진압에 질식사했다.

제2의 6월 항쟁으로 노태우 정권을 퇴진시킬 것만 같았던 항거는, 강기훈 유서대필 조작사건으로 기세가 꺾였다. 검찰은 분신한 김기설의 유서를 강기훈이 대필했다고 수사를 시작했다. 강기훈 유서 대필 의혹은, "명확한 반증이 있음에도 강기훈에게 실형이 선고되면서 사실로 굳어졌고, 1986년부터 꾸준히 제기돼온 '분신 배후설'도 정설처럼 여겨지게 됐다."[41]

그러나 그 정치적 결과가 같다고 해서 공안 검찰의 강기훈 유서 대필 사건 조작과 중수부의 노무현 대통령 가족 측근의 부패 수사를 동일 선상에 두는 것이 과연 옳은가.

5월 25일 김귀정이 사망한 그날 집회를 포함해 그해 5월, 내가 명동과 종로를 뛰고 쫓기며 함께했던 청년단체에, 우상호, 이인영, 허인회, 김성환, 김현, 한상혁 등이 있었다. 2004년 송영길 선배의 국회의원 사무실에 들렀을 때, 강기훈 사건 재심

---

41 「검찰총장 사과? 하든 말든…1991년, 그렇게 다들 잊었더라」, 〈서울신문〉 (2018.12.02.) 강기훈 인터뷰 참조.

5장 비극의 서막

문제는 어떻게든 공론화시키겠다고 했었다. 그 후 그들은 2019년 검찰개혁을 주창하는 정권의 주역이 되었는데, 김학의 사건이 강기훈 사건처럼 처리되고 이용되는 과정을 묵인했다. 검찰개혁의 명분으로 형사사법 시스템을 와해시키는 과정을 주도하거나 또는 침묵으로 동조했다.

6장

진군하는
빠시즘

문재인의
양념군단

　문재인 대통령은 2017년 민주당 대선 경선에서 승리한 날 저녁에 MBN과의 인터뷰에서 "우리 정당 사상 가장 아름다운 경선을 했다"고 말했다. 이에 앵커가 "18원 후원금, 문자폭탄, 상대 후보 비방 댓글 등은 문 후보 지지자 쪽에서 조직적으로 한 것으로 드러나기도 했다"고 지적했다. 문재인 후보는 "그런 일들은 치열하게 경쟁하다 보면 있을 수 있는 일들이다. 우리 경쟁을 더 이렇게 흥미롭게 만들어주는 양념 같은 것이었다고 생각한다"고 말했다.[42]

---

42 「문재인, 문자폭탄·18원 후원금에 "경쟁 흥미롭게 하는 양념"」,〈한겨레〉(2017.04.03.)

당내에서도 다른 후보와 지지자들을 감싸 안고 통합의 정치를 해야 한다는 조언이 나왔다. 문재인 대통령은 대선 본선에서도 집권 이후에도 자신의 지지자들에게 집단적 사이버 욕설 등을 자제해달라는 말을 한 번도 하지 않았다. 문재인 대통령은 정치적 경쟁자에 대한 지지자들의 사이버 테러를 정치적 자산으로 삼았다. 김정숙 여사는 당 대회장에서 인파를 헤치고 경인선 그룹을 찾았다. "경인선 가자. 경인선 가자." 경인선 그룹은 포탈 댓글을 점령하는 매크로 시스템을 돌리는 대가로 오사카 총영사 자리 등을 요구했던 일명 드루킹을 중심으로 모인 그룹이었다.

지지자들은 자신들을 '대가리가 깨져도 문재인'이라며 "대깨문"이라고 칭하거나, 공격받으면 집요하게 공격하는 벌꿀오소리를 빗대 "문꿀오소리", 문(Moon)재인을 지키는 "달빛기사단"으로 자청했다. 그들은 흡사 히틀러의 돌격대처럼 굴었다.

이 책에서는 이들을 '대깨문'으로 통칭한다. '대깨문'이 멸칭이라는 주장이 있으나, 제19대 대통령 선거 시절부터 문재인의 콘크리트 지지층들이 문재인을 지지하며 스스로를 지칭하던 긍정적인 의미의 유행어였다.[43]

1933년 1월 히틀러가 총리로 취임하자, 독일 나치 돌격대(SA)들은 시가행진 중에 자신들에게 모자를 벗어 경의를 표하지 않거나 "하일~ 히틀러" 경례를 하지 않는 거리의 사람들에게 느닷없이 다가가 폭행을 하고 유유히 사라졌다. 경찰은 폭행범을 만류하거나 체포하지 않았다. 종종 외국인들도 폭행을 당했다. 대사들이 항의를 표시하면 독일 정부는 우발적인 단독사건일 뿐이라고 둘러댔다. 갈색셔츠단의 돌격대원은 고작 중앙위원 7명으로 시작했던 나치당의 히틀러를 총리에 오르게 한 과정에서 가장 큰 공을 세운 집단이었다.

취임 초기 대깨문, 문꼴오소리, 달빛기사단들은 김정숙 여사를 '김정숙 씨'로 호칭했다는 이유로 〈오마이뉴스〉와 〈한겨레〉를 공격했다. 떼를 지어 몰려가 기사를 쓴 기자의 개인 신상을 뒤져서 어린 자녀 사진까지 찾아내 조롱했다. 절독 운동이 불같이 일었고, 기업체 대표는 광고를 중단했다. "〈조선일보〉도 눈치 보며 눈알 굴리고 있는데, 어디 마이너한 언론이 진보랍시

43 대깨문: '대가리가 깨져도 문재인'의 줄임말. 본래는 제19대 대통령 선거 시절부터 문재인의 콘크리트 지지층이 문재인을 지지하며 스스로를 지칭하던 긍정적인 의미의 유행어 중 하나였다. 이 단어는 다음 카페 여성시대에서 유래한 단어이다. 여성시대의 베스트게시판에 해당하는 곳에 올라온 설명글에 따르면 대깨문 이전에 이미 '대깨탑뇽(대가리가 깨져도 탑+지드래곤)'이라는 단어가 2008년부터 있었다고 하며, 해당 카페에서 기간을 설정하고 검색하면 흔적을 찾아볼 수 있다. 즉 원래 '대깨~'는 아이돌 그룹 내의 특정 멤버 간 커플링을 지지하기 위해 일부 커뮤니티에서 사용하던 은어였는데, 2016년 11월을 즈음하여 문재인 지지에 응용하여 사용되기 시작하였다고 한다. 첫 번째 댓글 또는 게시물이 무엇인지는 회원가입에 까다로운 카페의 특성상 확인할 수 없었지만, 여성시대 내부적으로는 이 단어가 등장하자마자 인기를 끈 것으로 보인다. (출처 : 나무위키)

고" 경의를 표하지 않고 건방지게 군다는 것이었다. "진보랍시고"라는 표현은 '양념군단'이 언론을 공격한 이유를 단적으로 집약했다. 친노세력과 그 지지자들은 진보진영이 노무현 대통령을 지지해 주지 않고 보수언론보다 더 날카롭게 공격해서 여론을 불리하게 형성해서 고립된 노무현 대통령을 죽음에 이르게 했다고 여겼다.

대깨문의 진보지식인과 진보언론에 대한 원한은 깊었다. 양념군단은 진보매체를 무자비하게 길들였다. 재정상황이 풍족하지 않은 진보매체와 기자들이 수요자들의 절독 운동과 광고 중단, 가족까지 파헤치는 무차별적인 사이버 테러를 당해내기는 어려웠다. 공격대상은 언론과 기자들만이 아니었다. 문재인 대통령의 뜻에 따르지 않거나 비판적 의사를 표하는 사람은 좌표가 찍히고 문자 테러와 전화 협박을 당했다. 민주당에서 소신 발언을 굽히지 않았던 금태섭 전 의원은 "욕설 문자 2만 통 받은 적 있다"고 했다. 내부자든 외부자든 예외가 없었다. 양향자 의원도 '문재인' 뒤에 '대통령님' 존칭을 붙이지 않았다고 당원들의 사이버 공격을 받았다. 국정농단 특검 기간 중에는 이명박과 박근혜 정권의 적폐세력에게 영장 발부와 기소와 판결에서 자신들의 뜻에 반하는 검사와 판사들의 신상을 캐고 정치적 성향의 증거를 수집해서 사이버 테러를 감행했다.

집권여당 누구도 이들의 사이버 테러를 나서서 제지하지 않았다. 그저 정치 행위의 양념이고, 정치적 의사 표현이며, 당심도 민심일 뿐이었다. 대깨문들은 자신의 폭력을 노무현과 문재인에 대한 헌사로 여겼다. '다시는 우리의 지도자를 지켜주지 못해 잃는 일은 없게 하겠다'는 결기, 노무현 트라우마는 파시즘의 질료였다.

독일 나치 돌격대의 물리적 폭력이 대깨문의 사이버 폭력으로 바뀌었을 뿐이었다. 로버트 O. 팩스턴은 노동계급 출신의 파시스트가 비교적 적었던 까닭은 민족주의와 인종 청소의 호

소력에 대한 프롤레타리아적 면역성 때문이 아니라고 했다. '면역immunization'이 아니라 '신앙고백confessionalism'의 문제였다. "세대를 이어 클럽과 신문, 조합, 집회를 통해 사회주의의 풍부한 하위문화에 깊숙이 관련되어 있던 사람들은 쉽게 다른 대상을 향해 충성심을 표현할 수 없었던 것이다."[44]

노무현 대통령 지지자들 대부분은 운동권 조직이나 노조 조직에 가입해 활동했던 사람들이 아니었다. 그들은 노무현 대통령을 통해 각성한 "깨어있는 시민의 느슨한 연대"로 주로 인터넷에서 활동하는 팬클럽이었다. 사랑의 대상이 연예인이나 아이돌이 아니라 취향에 맞는 정치인이라는 것이 차이날 뿐이었다. 김어준이 쓴 『닥치고 정치』의 소제목 '정치는 연애다'처럼 그들은 왕따 바보 노무현을 사랑했고 문재인에 충성했으며 조국을 수호하고 정경심을 사랑했다. 깨시민에서 진화한 대깨문에게 정치는 '법 앞에 평등한' 법치주의도 무시할 수 있는 맹목적인 사랑이자 복종이었다.

---

44 로버트 O. 팩스턴, 『파시즘』(교양인, 2005), 127쪽.

어용 지식인과
왕따의 정치학

팩스턴은 "대부분의 파시즘 지도자들과 활동가들은 이성적인 관점에서 충분히 이해할 만한 과정을 통해, 그런 예외적인 권력과 책임의 자리로 떠밀린 상당히 정상적인 사람들이었다. 파시즘을 정신병적인 현상이라고 본다면 우리는 길을 잃고 방황하게 될 것"[45]이라고 했다. 조국사태 이후 집권여당과 주변 인사들의 '내로남불' 등의 납득하기 어려운 행태들도 정신병적 현상이 아니다. 그들의 파시즘적 진화도 이해할 만한 과정과 메커니즘을 가지고 있다.

---

45 로버트 O. 팩스턴, 『파시즘』(교양인, 2005), 129쪽.

유시민은 문재인 정부 출범을 앞두고 한겨레 TV 〈김어준의 파파이스〉에 나와서 '어용 지식인'이 되겠다고 선언했다. "참여 정부 시절 객관적으로 (평가)해주는 지식인이 너무 없어서 힘들었다"며 "(문재인 정부의) 진보 어용 지식인이 되겠다"고 했다.[46] '한국 사회는 언론·재벌 등 여러 권력이 있다. 대선으로 정권이 바뀌어도 청와대 하나만 바뀌는 것이다. 그런데 지금까지 문재인 후보를 편들어준 언론이나 지식인도 막상 문재인 정부가 출범하면 권력으로 보고 공격을 해올 것이다. 이렇게 되면 문재인 정부는 실패한다'는 것이다.

조기숙 교수의 『왕따의 정치학』은 참여정부를 공격한 '구좌파'에 대한 울분의 집대성이었다. 『왕따의 정치학』을 소개하는 교보문고 '북소믈리에 한마디!'는 친노친문이 공유하는 진보언론에 대한 생각을 간결히 요약하고 있다. "조기숙 교수는 '왜 진보언론조차 노무현, 문재인을 비판할까?'라는 물음에 대략 일곱 가지로 원인을 설명한다. 우리 편을 옹호하는 것은 언론의 사명을 위반하는 것이라고 생각해 우리 편에게 더 가혹하게 이중 잣대를 들이대는 진보언론의 양심 결벽증, 시간과 재정이 부족한 진보언론의 열악한 업무 환경, 폐쇄적인 엘리티즘, 비판적

---

46 「'진보 어용 언론'은 없다」, 〈경향비즈〉 (2017.05.10.) 참조.

효능감 혹은 스톡홀름 신드롬, 언론의 특권을 이용해 스스로 킹메이커가 되고자 하는 바람, 언론권력의 사유화, 노무현과의 이념적·문화적 갈등이 그것이다."

조기숙은 '구좌파'와 '신좌파'를 갈랐다. 민노당 등 소수정당과 그 지지자들을 노무현을 왕따시키고 박해한 '구좌파', 노무현과 문재인 지지자들을 '신좌파'라 칭했다. 시장보다 국가의 역할을 강조하는 20세기 경제적 진보였던 구좌파와 달리 신좌파는 탈권위주의 문화와 탈물질주의 문화를 추구한다고 했다.

조기숙의 신좌파와 구좌파 구분 기준은 가치 중심의 당파성이 아니다. '우리 편'과 '남의 편'을 가르는 지독한 진영논리다. 조기숙은 친노친문이 다수파가 되어야 한다고 주장한다. "왕따를 당하는 친노에게도 스스로 세력화를 함으로써 왕따를 극복하지 못한 책임은 분명히 있다. 그런데 그 세력화가 지금까지는 쉽지 않았다. 친노는 미디어에 발언권도 없었고, 뭔가 일만 터지면 친노라고 덮어씌워 매도되니 국민에게는 나쁜 이미지가 전달되었다. 이렇게 되면 작은 실수에도 큰 굴레가 씌워지니 감히 누가 손을 들고 나서겠는가…그래서 더 많은 방어자가 세력화되어 국민 중 친노가 절반을 넘어가면, 대한민국 민주주의는 선진국 대열로 들어설 것이고 친노 왕따는 사라질 것이다."[47]

조기숙은 노무현과 문재인을 공격한 〈경향신문〉과 〈한겨레〉,

심지어 친노를 공격한 허지웅까지 '시민징계리스트'에 올려서 정치 발언을 제한해야 한다고 주장한다.[48] 『왕따의 정치학』은 친노 친문 지지자에게는 복음서이자 행동 강령이었다.

친노친문 지지자들은 〈한겨레〉, 〈경향신문〉, 〈오마이뉴스〉를 묶어 조중동에 대비되는 '한경오'라고 불렀다. 그들은 구좌파 진영이 강한 우파정권에서는 꼼짝하지 못하고 침묵하고 있다가 '진보정권만 들어서면 날뛴다'고 했다. 구좌파 언론의 버르장머리를 초장에 고쳐서 친노친문의 "편"에 서도록 만들어야 다시는 노무현의 비극이 재연되지 않는다고 생각했다. 독재정권을 종식시킨 소위 '구좌파'가 문민정부가 들어선 이후에도 노동자, 농민, 소수자, 약자를 대변하며 우파정권과 벌인 지속적인 투쟁에 그들은 관심이 없었다.

'대깨문'은 매우 이질적이고 다양한 사회적 계급 계층을 이루고 있는데 "이들을 하나로 결합한 것은 결국 사회적 지위가 아닌 가치관이었다. 즉 케케묵은 부르주아 정치에 대한 경멸, 좌파에 대한 반감, 열정적인 민족주의, 필요할 경우 폭력을 받아들이겠다는 생각 등이 바로 이들을 결속시킨 힘이었다."[49]

47   조기숙, 『왕따의 정치학』(위즈덤하우스, 2017), 211쪽.
48   조기숙, 『왕따의 정치학』(위즈덤하우스, 2017), 186쪽 참조.
49   로버트 O. 팩스턴, 『파시즘』(교양인, 2005), 131쪽.

적대적 매체효과

적대적 매체효과hostile media effect는 중립적이고 객관적인 언론 보도도 자신의 입장을 지지하지 않을 때 편향되었다고 인식하고 적대시하는 효과를 말한다. 사람들이 가짜뉴스에 지속적으로 노출될 때 보이는 경향이다. "가짜뉴스 현상의 일부로서 트럼프를 관찰할 필요가 있는 이유는 언론 불신과 혐오를 부추기는 정치인이 사실에 근거한 공적 토론을 어떻게 막는가를 보여주기 때문이다. 선동가들은 대부분 언론 보도를 믿지 않고 적대시한다. 그렇다면 지지자들도 마찬가지로 귀를 닫게 되므로 비판적 뉴스에 대한 공신력은 바닥을 치게 된다. 자신에게 표를 준 유권자를 선동할 수 있다는 자신감은 언론의 비판쯤은 무시할 수 있다는 태도를 합리화한다. 문제는 그가 거짓말로 대중을 열광시킨다는 것이다."[50]

도널드 트럼프는 가짜뉴스의 피해자인 양 행세했지만, 그 자신이 가짜뉴스의 양산자였다. 2011년 봄, 트럼프는 오바마가 미국에서 태어난 정당한 시민권자가 아니라는 '의혹'을 제기했다. 오바마는 결국 출생 관련 서류를 공개해야 했다. 많은 사람들, 특히 공화당 지지자들이 그 의혹을 믿었기 때문이다.

하버드대 정치학 교수 스티븐 레비츠키, 대니얼 지블랫의 『어떻게 민주주의는 무너지는가』는 '민주주의 규범 파괴가 대부분 공화당에 의해 이뤄진 이유'를 적대적 매체효과와 티파티 운동단체들의 강력한 영향력으로 극단주의자들이 공화당 핵심 지지층이 되었기 때문이라고 한다. 민주당에 비해 공화당 지지자는 당파 성향이 강한 매체에 더 많이 의존하는데, 공화당 지지자들의 69%가 폭스 뉴스 시청자이다. 막말을 일삼는 유명 라디오 토크쇼 진행자들 중 민주당 성향의 인물이 거의 없다. 티파티 운동을 주도하는 극단주의자들이 공화당을 장악하고 있다. '진정한 미국인'은 '미국 땅에서 태어나서 영어를 쓰는 백인 개신교 신자'라고 생각하고, 미국이 사라지고 있다는 정체성 불

---

50 최은창, 『가짜뉴스의 고고학』(동아시아, 2020), 250쪽.

안에 시달리는 공화당 지지자들은 오바마가 미국인이 아니고 무슬림이라는 트럼프와 극단주의자들의 선동을 대부분 사실로 믿는다는 것이다.[51]

유시민과 조기숙은 적대적 매체효과를 형성하는 탁월한 선동가들이었다. 이들은 괴벨스가 그러했듯 적대적 매체효과가 파시즘의 가장 중요한 통치술임을 간파하고 있었다. 김어준과 나꼼수 멤버들은 적대적 매체효과를 놀이와 예능으로 만들어 스며들게 하는 재간꾼들이다.

"인터넷 홈페이지는, 블로그는, 게시판은 정보를 게재하고 방문자를 기다려야 하는 피동적 전파를 속성으로 해. 그런데 여기 SNS가 결합되면서 정보 수용자가 자발적으로 그리고 손쉽게, 이게 중요해 손쉽게, 스스로 능동적 전파자가 될 수 있는 플랫폼이 탄생하는 중이야. 이제 콘텐츠만 좋으면 콘텐츠가 스스로 성장하는, 콘텐츠가 자기 가치를 스스로 입증할 수 있는 물적 토대가 탄생하고 있는 거야. 이 본질을 간파하는 나 같은 사람에게는.(웃음) 이거야말로 혁명이야. 탱크로 밀어야만 혁명이 아니야. 기득의 구조가 뒤집어질 수 있으면, 다 혁명이야."[52]

---

51 스티븐 레비츠키, 대니얼 지블랫, 『어떻게 민주주의는 무너지는가』(어크로스, 2018), 제7장 「규범의 해체가 부른 비극」 참조.
52 김어준, 『닥치고 정치』(푸른숲, 2012), 303쪽.

더불어민주당 지지층은 '청와대만 장악했을 뿐 모든 기득권은 보수주의자들이 장악하고 있다'는 유시민이 심어준 가상세계 속의 피해의식을 공유하며 조기숙의 '왕따의 정치학'에 따라 '다수파가 되려는 투쟁'을 한다는 점에서도 트럼프의 공화당과 유사했다. '대깨문'들은 하루의 뉴스를 〈김어준의 뉴스공장〉으로 확인하고, 금요일에는 〈다스뵈이다〉를 보며 휴식을 취한다. 노무현재단 이사장의 〈알릴레오〉는 그들에게는 최고의 지적 예능 프로그램이다.

그들에게 김어준과 유시민 이외의 언론매체는 '기레기'다. 김어준은 민주당 의원들 중에서도 개국본 등 극단주의 단체들과 의견을 같이하는 강성 의원들을 출연시켜 자신의 매체가 생산하는 가짜뉴스를 민주당의 공적 의사로 만드는 막강한 영향력을 발휘한다. 금태섭 전 의원은 이해찬과의 일화를 공개한 적이 있다. "언젠가 이해찬 대표와 이야기를 할 기회가 있었는데 '요즘 나는 눈이 나빠서 책을 못 봐' 이러시는 거다. 대신 유튜브를 본다. 김어준이 하는 유튜브는 다 봤다면서 김어준이 민주당을 위해 큰일을 한다는 거다."[53] 이해찬의 김어준에 대한 생각은 민주당의 일반적 생각을 대변하고 있다.

53 「금태섭, "이해찬, 김어준 두고 '민주당 위해 큰일 한다' 말해"」, 〈서울경제〉(2021.01.24.)

'대깨문'들은 2009년 노무현 대통령 서거 후 정치에 관심을 가지기 시작했고 정치를 나꼼수와 유시민으로부터 배웠다. 10년 넘게 이들의 책을 구매해 읽고 방송을 청취하고 강연을 따라다니며 자발적으로 이들의 열정적인 맹신자가 되었다. 그리고 파시스트로 진화해갔다. '대깨문'들은 김어준과 유시민의 입을 통해 진짜라고 확인받지 않는 한 "우리 편"에 불리한 뉴스는 모두 믿지 않고 혐오하고 공격했다. 그들은 자신들이 원하는 뉴스를 포털에 전진 배치하기 위해 포털 검색어를 동시다발적으로 입력하는 실검 전쟁에 흥겹게 몰두했고, 비방 댓글과 문자 폭탄으로 반대의견을 침묵시키려 했다.

서초동 집회는 사이버상에서만 활동하던 돌격대들이 검찰청 앞에 집결해서 치른 화려한 오프라인 전투였다. 그들은 무수히 쏟아져 나온 자발적 인파에 서로 고무되고 혁명적 열기에 도취했다. 그들은 검찰과 맞서 '촛불혁명정부'를 지키고 촛불혁명을 중단없이 수행하기 위한 권력적 사명감에 심취했다. 조국수호와 검찰개혁을 등치시키는 기괴한 혁명적 열정은 검찰개혁과 조국수호를 동일선상에 놓을 수 없는 다른 촛불시민들을 충격에 빠뜨렸다.

김학의의 출금 조치가 허위공문서와
직권남용이 범벅된 심각한 범죄였다는 사실이 알려져도
집권여당 지지자들은 개의치 않았다.
김학의를 붙잡았고 검찰의 제 식구 감싸기를 밝혔는데,
그게 무슨 대수란 말인가. 김학의는 붙잡았지만,
정작 헌법의 법치주의와 적법절차 원리는 무너졌다.

제3부

법치의 붕괴

7장

하늘의
신호

법치를
강탈하라

히틀러가 1933년 1월 30일 연립내각의 총리가 되었다. 1918년 11월 혁명으로 군주제를 폐지하고 세워진 바이마르공화국이 끝나고 독일 제3제국이 시작됐다. 바이마르공화국 제국의회는 "어떤 단계에서도 입법기관이자 정치적 통합기관으로서의 이중기능을 한 번도 균형있게 충족시킬 수 없었다."[54] 히틀러는 공공연히 입법부가 행정부에 입법 전권을 부여하는 수권법授權法(Ermächtigungsgesetz) 통과를 주장했다.

1933년 2월 27일 독일의사당 방화사건이 발생하자, 히틀러

---

54 칼 디트리히 브라허, 『바이마르공화국의 해체 1』(나남출판, 2011), 92쪽.

는 수권법을 통과시키기 위한 하늘의 계시라고 소리쳤다. "부수상, 하늘의 신호다. 만약 이번 화재가 공산당 짓이라면 이런 살인 해충들을 철권으로 때려잡아야 할 것이다! 나는 공산당이 한 것으로 믿고 있다."[55] 히틀러와 괴링은 방화는 독일을 전복시키려는 공산당 반란의 시작이라며, 공산주의자들을 즉시 총살시켜도 좋으니 모두 잡아들이라고 미친 듯이 소리쳤다. 경찰서장 루돌프 딜스는 방화범은 정신병자 반 데어 루베의 단독소행이라고 보고하려 했지만 회의장은 정신병원 같았다고 회고했다.

에른스트 룀이 이끄는 돌격대는 공산당원들과 사회당원들과 좌파들에게 무차별 폭력을 가하고 4,000여 명을 체포해 구금했다. 루베와 함께 가상의 공범 4명도 같이 기소됐다. 루돌프 딜스는 무고한 자들을 재판에 넘기는 것은 위험하다고 만류했다. 괴링은 "불가능한 게 어디 있나? 왜 한 사람이 방화했다고 해야 하나? 10명, 아니 20명이 했다고 하자. 모든 게 공산당 봉기의 신호탄이다."

1933년 3월 5일 총선거에서 원내 1당이 된 나치당의 괴링은

---

55 존 톨랜드, 『아돌프 히틀러 결정판 1』(페이퍼로드, 2019), 506쪽.

제국의회 의장이 되었고, 1933년 3월 24일 수권법이 통과됐다. 공산당 의원과 사민당 의원 대부분이 체포, 구금, 도피 중으로 불출석했다. 히틀러는 의회를 거치지 않고 헌법에 합치하지 않는 법률이더라도 제정 공포할 전권을 얻었다. 의회는 히틀러의 연설 무대로 전락했다.

수권법은 "나치의 지배에서 결정적으로 중요한 사이비 법률적 근거가 되었고 의심의 여지 없이 독일 제3제국의 가장 중요한 법률이 되었다. 이를 통해 법치국가는 사라지고 영구적인 비상상태가 선포되었기 때문이다."[56] 4월에는 비밀경찰 조직-게슈타포법이 통과되었다. 게슈타포는 파시즘 정권의 대표적인 동형 조직이다. "공권력이 공산주의자들이나 사회주의자에 대한 직접적 적대행위를 적당히 눈감아주는 곳이라면 어디나 파시즘이 들어설 공간이 열려 있었다. 이 점에서 파시즘의 가장 큰 적은 사법 및 행정상의 엄격한 법 집행이었다."[57]

파시즘 정권은 권력을 장악하고 권력을 행사하는 단계에서 기존 국가 조직과 동일한 유형의 조직을 만들어서 국가 기능을 동형 조직으로 이관시키고 강탈했다. 로버트 O. 팩스턴은 동형 조직이 기존 국가기관들의 기능을 강탈하고 사법 및 행정상의

---

56 랄프 게오르크 로이트, 『괴벨스, 대중 선동의 심리학』(교양인, 2006), 405쪽.
57 로버트 O. 팩스턴, 『파시즘』(교양인, 2005), 201쪽.

엄격한 법 집행을 무력화시킨 것은 파시즘을 다른 독재체제와 구별 짓는 고유한 특징이라고 했다. 파시즘에 비교되는 스탈린 정권과 같은 급진적인 전체주의 정권에서는 기존 국가 기능을 동형 조직의 아마추어들이 강탈해 국가 기능을 무정형으로 만드는 일은 상상도 할 수 없다는 것이다.

국민의힘 초선의원들은 2020년 12월 4일 국회에서 '친문 게슈타포, 공수처법 반대'라고 쓰인 피켓을 들고 시위를 벌였다. 야당은 줄곧 공수처는 나치 친위대나 게슈타포와 같은 대통령 사정 기관이라고 주장해 왔다. 공수처는 검찰개혁이란 명목으로 조국을 비롯한 권력형 비리 수사를 무력화시키고 야당을 탄압하는 독재적 발상이라는 것이다. 게슈타포는 정권에 반대하는 인사들을 제거하는 공포스러운 공권력이었고, 사적 보복을 위해 고소·고발 사건을 남발하는 대형 비밀창고이기도 했다.

더불어민주당은 공수처법이 야당 비토권을 보장해서 야당이 반대하는 인물은 공수처장 후보로 추천할 수 없으므로 공수처는 정권으로부터 독립적이고 중립적인 기관이라고 반박했다. 그러나 더불어민주당은 야당의 비토권을 없애는 공수처법 개정안을 강행 처리했다. 공수처장 후보에 대한 야당 비토권은 더불어민주당이 주장한 유일한 공수처 중립성 보장 장치였다. 더불어민주당 박주민 의원은 공수처법이 통과될 당시에 이미 공수처 수사대상과 수사 범위에 대해서는 검찰의 수사권을 배제하는 조항을 기습적으로 삽입시켰다. 4당이 합의했던 신속처리안건 상정안에서는 없었던 조항이었다.

법률 내용을 보면 공수처는 관할 사건의 범위에서 검찰의 고위공직자 비리수사권을 박탈해 이관시켰고, 판·검사의 경우는 기소권까지 독점하고 있다. 공수처장 후보 추천에 대한 야당 비토권도 허용하지 않아 공수처는 여당이 원하는 친정부 인사들로 채워질 수 있는 조직이 되었다. 법 형식으로 보면 로버트 O. 팩스턴이 말한 바로 그 동형 조직인 것이다. 그 실질은 어떨까. 기능적으로도 공수처가 야당이 주장한 게슈타포의 역할을 하게될까. 검찰개혁이 추진된 2019년과 2020년의 전 과정에서 무슨 일이 벌어졌는지를 자세히 알면 알수록 그 의미를 이해하면 할수록 불길한 예감은 점점 뚜렷한 현실이 된다.

서초동 집회가 벌어지기 6개월 전으로 시계를 돌려보면, 그

기괴한 광기의 연료가 충전된 지점을 만나게 된다. 2019년 3월경 대검 진상조사단을 중도 사퇴한 박준영 변호사가 일년 후 대검 진상조사단 관련 자료를 〈한국일보〉와 SBS에 제공했다. 박준영 변호사와 두 언론 덕분에, 우리는 검찰 수사권 축소 박탈과 공수처 설치에 대해 비등한 여론을 조성했던 그 시공간으로 깊숙이 들어가볼 수 있었다. 2018년 겨울부터 2019년 봄. 그리고 2020년, 그 시공간은 흡사 1933년 독일 베를린의 살아 움직이는 미니어처 같았다. 그 시공간은 나치당이 독일의사당 방화 사건을 공산주의자들의 소행으로 몰아서 수권법 통과의 명분을 만들고 게슈타포를 출범시켰던 1933년 독일과 놀랍도록 닮아 있었다. 집권여당에게 윤중천-김학의 사건은 검찰을 "철권으로 때려"잡고 검경수사권 조정과 공수처법을 통과시킨 후 최소 20년 이상의 장기집권을 가능하게 하는 하늘의 신호로 보인 듯했다.

검찰과거사위와
대검 진상조사단

　문재인 정부는 정권인수위원회의 활동 없이 취임하여 국정기획자문위원회를 통해 5대 국정 목표와 100대 국정 과제를 발표했다. 제1의 국정 목표는 '국민이 주인인 정부'였고, 제1의 목표를 달성하기 위해 '권력기관의 민주적 개혁'을 국정 과제로 설정했다.

　2017년 8월에 법무부는 '법무·검찰개혁위원회'를 발족시켰다. 조국이 딸 조민의 인턴활동확인서를 직접 위조한 혐의를 받고 있는 인턴활동 중 하나는 서울대 공익인권법센터인데, 그 센터장 한인섭 교수가 '법무·검찰개혁위원회'의 초기 위원장을 맡았다. '법무·검찰개혁위원회'는 검찰이 '권력의 주구'가 되어 검찰권을 정권의 정적을 제거하기 위해 정치적으로 사용하거나 인권을 침해한 과거사의 진상을 규명하기 위한 위원회 설치를 권고했다.

법무부 '검찰과거사위원회'가 2017년 12월 12일에 발족했다. '법무·검찰개혁위원회'가 검찰과거사 진상조사를 위한 위원회 설치를 권고한 후 70여 일 만에 급조된 조직이었다. 법무부의 '검찰과거사위원회'의 설치 근거는 법률이 아니라 법무부 훈령이었다. 법무부 훈령은 법무부 장관과 검찰총장의 조직 내부의 지시를 말한다.

『어떻게 민주주의는 무너지는가』의 저자 스티븐 레비츠키와 대니얼 지블랫은 "견제받지 않는 대통령은 사법부를 친정부 인사로 채우고, 행정명령을 남발하여 의회를 우회한다"고 했다.[58] 법적으로 대내적 효력에 불과한 훈령에 근거를 둔 위원회는 출범부터 위법적 소지가 있었다. '행정기관 소속 위원회의 설치 운영에 관한 법률'에서 행정부 산하 위원회는 대외적 효력이 있는 '법령'에 의해 설치하고 세부사항을 규정하도록 하고 있기 때문이다. 진실 화해를 위한 과거사 정리 기본법, 군 의문사 진상규명에 관한 특별법, 군 사망사고 진상규명에 관한 특별법,

---

58 스티븐 레비츠키, 대니얼 지블랫, 『어떻게 민주주의는 무너지는가』(어크로스, 2018), 140쪽

4.16 세월호 참사 진상규명 및 안전사회 건설 등을 위한 특별법이 모두 법률로 진상규명위원회의 설치 근거를 마련했고, 위원회의 조직과 조사 권한 및 책임을 구체적으로 규정했었다.

검찰과거사위 위원 아홉 명 중 여섯 명이 민주사회를위한변호사모임(민변) 출신이었다. 이들 중 김용민 위원은 더불어민주당 의원이 되었다. 과거사위 간사였던 당시 법무부 법무실장 이용구는 법무부 차관이 되었다. 이용구는 경찰청 수사정책단 위원이던 정한중 교수와 함께, 윤석열 총장 징계위원회 위원으로 참여해 기념비적인 징계결정문 작성에 관여했다.

실제 조사 활동은 별도로 꾸려진 '대검찰청 과거사진상조사단'이 담당했다. 진상조사단은 검찰총장이 위촉하는 총 36명의 6개 팀으로 꾸려졌다. 법적 근거 없이 훈령만으로 외부 민간위원에게 수사기록을 제공하는 건 개인정보보호법 위반 소지도 있었기에, 팀당 검사 2명(부장검사, 파견 검사)을 4명의 외부 민간위원(교수·변호사)과 함께 배치해서 법 위반 소지를 우회했다. 외부위원 선정은 청와대가 조율했다. 그런데 "검찰총장이 진상조사단 운영 훈령에 따라 외부 민간위원을 중립적이고 객관적이며 재판 및 형사사건 경험이 풍부한 인사들 위주로 명단을 짰더니 청와대 쪽에서 줄줄이 비토(Veto·거부)를 놓은 것으로 안다. 결국 재판이나 수사 경험이 별로 없는 인사들이 조사단원으로 적잖이 유입되면서 여러 가지 문제들이 생겨났다."[59] 청와대 민정수석실이 검찰총장 위촉직인 진상조사단 위원 선정에 직접 관여한 것이다.

진상조사단 검사 중 특히 이규원 검사는 그 파견 경위가 내내 논란이었다. 곽상도 의원은 민정수석실 선임행정관 이광철이 절차를 위반하고 이규원 검사를 대검 진상조사단 명단에 넣었다고 주장한다. SBS 임찬종 기자는 〔취재파일〕 이규원 검사는 왜 논란의 중심에 섰나?'에서 곽상도 의원 주장의 진위를 확인하기 위해 관련자들을 상세히 취재했다.

이용구 당시 법무부 검찰과거사위원회 간사는 대검에서 과거사위원회에 보낸 진상조사단 파견 검사 명단에 이규원 검사의 이름이 없었다고 시인했다. 검찰과거사위원회가 대검에 파견을 원하는 검사 명단을 다시 보냈는데, 그 명단에 이규원 검사가 있었다는 것이다. "이규원 검사는 법무부 과거사위원회에서 추천한 것이 팩트"라는 게 이용구 법무부 법무실장의 주장이다. 법무부 검찰과거사위원회 위원들의 말은 다르다. 이규원 검사 파견 경위는 법무부 검찰과거사위원회가 알 수 없는 것이라는 주장이다.

---

59 「"대검이 추천한 진상조사 위원들, 청와대서 줄줄이 비토」, 〈중앙일보〉(2019.06.12.)

검찰과거사 —
김학의 무혐의 처분

김학의 사건을 둘러싼 대검 진상조사단 내부의 갈등과 대립, 김학의 사건이 검찰개혁과 공수처의 열망과 당위성을 끌어올리는 데 어떻게 활용되었는지를 이해하기 위해서는 먼저 검찰이 2013년 당시 김학의를 무혐의 처분한 법리의 이해가 필요하다.

〈TV조선〉이 2013년 3월 14일에 김학의가 건설업자 윤중천의 별장에서 성접대를 받았다는 기사를 냈음에도 박근혜 정부는 김학의를 법무부 차관으로 임명했다. 김학의는 여론에 밀려 취임 6일 만에 사퇴했다. 경찰은 2013년 5월에 윤중천 별장 성접대 동영상 원본을 확보해서 권 모 씨가 2012년에 김학의와 윤중천을 고소한 사건에 특수강간 혐의를 적용해 기소의견으로 검찰에 송치했다. 4개월 후 서울중앙지검 강력부는 김학의 사건을 무혐의 처분했다. 검찰은 이 모 씨가 2014년 7월에 김학의로부터 강간당했다고 고소한 사건도 12월에 무혐의 처분했다.

세간에서는 동영상 인물이 김학의가 분명함에도 검찰이 '제 식구 감싸기'를 했다고 분노했지만, 검찰은 동영상에 나오는 인물을 김학의로 특정할 수 없어서 김학의를 불기소처분한 것은 아니었다. 경찰이 검찰에 송치하며 적용한 법령은 성폭력범죄의 처벌 등에 관한 특례법(성폭법)의 특수강간죄였다. 성폭법상의 특수강간죄는 '흉기를 지니고 강간'하거나, '2인 이상이 합동하여 강간'한 경우 성립하는 범죄이다. 검찰은 동영상에 등장하는 피해자가 누군지 확인이 어려워서 진술이 없고, 동영상에 등장하지 않는 피해자들의 강간 피해 진술은 신빙성이 떨어지거나 피해자가 진술을 번복했다는 것이다. 피해자들이 2인 이상에 의해 합동으로 강간당했다거나 흉기로 위협당해 강간당했다는 증거가 없다는 것이다.

검찰은 불기소 처분 이유서에 김학의를 '불상의 남성'으로 기재했다. 검찰이 불기소처분을 하는 마당에 검사 출신 법무부 전 차관의 이름을 굳이 특정하는 데에 부담을 느낀 것은 분명해 보였다. 동영상에서 육안으로도 식별이 가능한 김학의를 '피고소인'도 아니고 '불상의 남성'으로 기재한 것은 검찰이 '제 식구 감싸기'로 천인공노할 성범죄를 덮었다는 공격에 훌륭한 빌미가 되었다.

검찰은 경찰이 송치하지 않은 뇌물죄도 검토했다. 성폭력이 성립하지 않아도 성접대는 향응 제공의 뇌물이 될 수 있다. '뇌물죄'는 '특수강간'과 범죄 구성요건도 다르고 공소시효 기간도 짧다. 뇌물죄가 성립하려면 제공된 금품이나 향응이 직무와 관련한 대가여야 한다. 즉, 대가성와 직무 관련성이 입증되어야 한다.

성접대 향응은 '액수를 특정할 수 없는 뇌물'에 해당한다. 김학의가 별장 성접대를 받은 것은 2006년 중순부터 2008년 2월 사이의 13회였다. 형사소송법이 2007년 12월에 개정되어 액수를 특정할 수 없는 뇌물죄의 공소시효는 5년에서 7년으로 연장되었다. 2013년 경찰 수사 당시에 개정 형사소송법 시행 이후의 성접대 행위는 공소시효가 남았으므로 뇌물죄가 성립될 수 있었다. 검찰은 윤중천의 성접대가 김학의의 구체적인 직무에 대한 대가로 제공되었다고 보기 어렵다는 이유로 뇌물죄로도 기소하지 않았다. 박준영 변호사도 언론 인터뷰에 출연해 윤중천은 김학의가 법무부 장관이 되면 크게 써먹을 심산이었기에 성접대마다 청탁하지는 않았을 것으로 판단했다.

조국 일가의 사모펀드 사건에서도 검찰은 뇌물죄로 기소하지 못했다. 조국 일가가 실질적 소유주인 코링크PE는 조국 일가를 위해 만든 블루펀드 자금 14억 원 중 10억 원까지 투입해 WFM을 인수했는데, WFM의 대주주 우국환은 자신이 보유하던 WFM 주식 중 53억 원 상당을 코링크PE에 무상으로 넘겼다. 무상수증은 손해배상금 성격이라고 해명했으나, WFM이 코링크PE에게 손해배상을 할 사유는 없었다. 우국환이 코링크PE에 뭘 믿고 53억 원을 넘겨줬을까. 코링크PE의 실질적 운영자인 조범동은 당시 신용불량자였으며, 사모펀드 운영실적도 내세울 게 없었다. 코링크PE의 실질적 '소유자'가 조국 가족이라는 이유 이외에 다른 이유가 있었을까.

검찰도 뇌물죄 성립 여부를 조사했을 것이다. 당시 검찰이 53억 원 상당 주식과 조국의 '직무 관련성'을 입증하기 어려워서 기소를 하지 못했다는 말이 기자들 사이에서 흘러나왔다. 조범동, 정경심, 조국 공소장의 범죄사실에는 이 53억 원 상당 주식의 무상수증 내용은 모두 빠졌다. 한동훈 검사는 언론 인터뷰에서 "뇌물죄로 기소하진 않았지만, 당시 이 사람들이 받은 특혜성 투자 기회의 성격도 논란 소지가 있다"고 했다.[60]

국민의 인신을 구속하는 국가의 형벌권은 절차적·실체적으

---

60 「"조국 수사, 그의 거짓말이 키웠다" 한동훈의 작심 반박」, 〈한국일보〉(2021.06.02.)

로 법의 한계 내에서 행사해야 한다. 법치주의와 적법절차는 국민의 기본권을 보호하기 위해 국가의 공권력 행사를 제한하는 헌법의 대원칙이다. 법은 누구에게나 평등하게 적용되어야 한다. 아무리 지탄받는 인물이라도 법의 보호를 받으며 법이 정한 절차와 한계를 넘어 처벌할 수 없다. 공소시효는 법적 안정성을 위한 제도이다. 공소시효가 지난 범죄행위는 처벌할 수 없다. 제공된 금전 또는 향응과 공무 사이의 대가성이 없으면 뇌물죄로 처벌할 수 없다. 검찰은 검찰권의 자의적 행사로 국민의 기본권을 훼손한 과거사 때문에 개혁의 대상이 됐다. 그런데 검찰을 개혁하겠다는 세력이 법치주의를 무시하고 기본권을 침범하는 행태를 함부로 자행했다면, 그러한 검찰개혁은 무엇을 위한 것일까.

8장

"왜 한 사람이 방화했다고 해야 하나?"

윤중천,
박관천 면담보고서

재조사 대상 17개 사건이 대검 진상조사단의 각 팀에 배당됐
다. △청와대·총리실 민간인 사찰 사건 △MBC 'PD수첩' 사건
△KBS 정연주 전 사장 배임 사건 △유우성 증거 조작 사건 △
삼례 나라슈퍼 사건 △약촌오거리 사건 △낙동강변 2인조 살인
사건 △남산 3억 원 신한금융 사건 △피의사실공표 몰래 변론
사건 △용산 철거 사건 △장자연 리스트 사건 △김학의 전 차관
사건 등이었다.

김학의 사건 조사는 처음에 진상조사단 5팀이 맡았다. 진상
조사단 5팀은 김학의 사건을 무혐의 처분한 검찰의 결정이 옳다
고 잠정 결론 내렸다. 당시 5팀 보고서의 초안에는 △김 전 차관

을 성폭행 혐의로 처벌하기는 어렵고 △김 전 차관 수사를 가로막으려는 검찰 내 외압은 없었고 △8팀이 추가한 한상대·윤석열 전 검찰총장, 윤갑근 전 대구고검장 등의 이름 역시 전혀 거론되지 않은 것도 확인했다고 한다.[61]

진상조사단이 있던 서울동부지검 청사에 떠들썩한 소란이 벌어졌다. 이규원 검사는 5팀의 A 검사에게 '김학의 사건' 관련 기록과 보고서 일체를 갖고 오라고 했다. A 검사는 "5팀에서 아직 기록을 다 검토하지 못해 당장 주기 어렵다"고 했다. 이규원이 직접 A 검사의 사무실을 찾아갔다. A 검사가 사무실 문을 잠그자, 이규원 검사가 문을 열라고 소리를 치며 소란을 피웠다.

조사대상이었던 피해 여성들과 함께 조사단의 동향을 주시하던 여성단체도 일제히 조사단 교체를 요구하며 성명서를 발표하고 조사단을 규탄했다.

2018년 11월 중순경 김학의 사건은 5팀에서 이규원 검사가 있는 8팀으로 강제 재배당되었다. 사건이 8팀에 재배당된 직후 진상조사단 5팀의 B 교수가 검찰총장 앞으로 강제 재배당 문제와 조사단 정보 외부유출 문제 등을 명시한 사퇴서를 보내고 중도 하차했다.

---

61 「이규원 질문이 윤중천 답 둔갑… 尹별장접대 오보 전말」,〈중앙일보〉(2021.04.06.)

2018년 5월경 장자연 사건 조사단에 법무부와 검찰의 외압이 있었다는 내부 주장이 나와서 한 차례 연기되었던 진상조사단 활동 기한이 2018년 12월 26일에 한 차례 더 연장됐다. 대검 진상조사단 8팀은 2018년 12월 26일 윤중천을 서울의 한 호텔에서 만난 것을 포함하여 총 6회 조사했다.

총 10장 분량의 「윤중천 면담보고서」 작성자는 이규원 검사였다. 이규원 검사는 면담 전후로 이광철 청와대 민정비서관(당시 선임행정관)과 긴밀히 연락을 취하고 있었다.[62] 「윤중천 면담보고서」는 조사에 참여한 다른 팀원들의 면담보고서 초안이나 메모와 달랐다. 녹취록도 없었고 윤중천의 서명 날인도 없었다.

「윤중천 면담보고서」 5쪽에 윤석열 전 검찰총장 관련 내용이 기재되었다. '윤석열 검사장은 OOO 소개로 알고 지냈는데, 원주 별장에 온 적이 있는 것도 같다. OOO가 검찰 인맥이 좋아 검사들을 많이 소개해 주었다.'

---

62 「이규원 질문이 윤중천 답 둔갑… 尹별장접대 오보 전말」, 〈중앙일보〉(2021.04.06.)

"「윤중천 2·3차 면담보고서」에는 △윤석열 접대설 △윤갑근 접대설 △김학의·한상대(전 검찰총장) 수천만 원 뇌물설과 관련한 내용이 담겼지만, 이를 뒷받침하는 근거는 전혀 없었다."

이규원 검사가 작성한 보고서에는 「박관천 면담보고서」도 있었다. 박관천은 박근혜 정부 시절 청와대 공직기강비서관실 행정관으로 파견된 경찰로서, 정윤회의 국정농단을 보고한 것으로 알려진 인물이다. 「박관천 면담보고서」에는 경찰이 곽상도 당시 민정수석에게 보고도 하지 않고 김학의 수사를 시작했고, 곽상도 민정수석이 경찰청 수사국장에게 전화로 질책했다는 내용 등이 기재되었다.

김학의, 윤지오,
경찰'총'장과 경찰청장

진상조사단 8팀에서는 갈등이 심각했다. 「김학의 보고서」에 관한 의견은 1안과 2안으로 갈라졌다. 1안은 진상조사단 5팀과 결론이 같았다. 김학의 사건 기록을 모두 검토하고 김학의 보고서 작성을 맡은 팀 내 C 검사가 1안이었다. 2안은 김학의의 성폭행 여부를 가리기 위해 재수사가 필요하다고 판단했다. 이규원 검사는 교묘히 빠져나갔다. 3안을 쓴 이규원 검사는 "1안과 2안 내용 중 기록 요약에만 동의하고 평가가 게재된 어떤 기술에도 찬동하지 않는다"고 판단을 회피했다. 대검 진상조사단의 조사를 받은 2013년 당시 검찰과 경찰 수사팀이 "강제수사에 착수하기엔 대가성 파악이 어려웠고 공소시효 문제도 있었다"

고 진상조사단에 진술했지만, 보고서에 반영하지 않았다. 보고서는 "(검찰의) '의도적 봐주기가 있었다'는 결론으로 직행"[63]했고, 검사의 외부통제 기관인 공수처 설치의 필요성을 강조하는 내용으로 끝을 맺었다.

대검 진상조사단은 한 차례 더 기간 연장을 요구했다. 2018년 12월 26일에 연장된 대검 진상조사단의 활동 종료일은 3월 말이었다. 진상조사단이 2월 말까지 조사 활동 및 최종 보고를 마치면 위원회는 3월 말까지 사건을 심의해 최종 조사결과를 발표할 예정이었다. 법무부 검찰과거사위원회는 이미 세 차례 연장된 조사단 활동 기한을 더는 연장하지 않겠다고 했다. 그러나 법무부 검찰과거사위원회는 기간을 연장할 수밖에 없었다. 장자연의 소속사 후배 윤지오가 2019년 3월 4일 한국에 입국한 것이다.

윤지오는 입국한 직후 바로 TBS 라디오 〈김어준의 뉴스공장〉 출연을 시작으로 언론의 집중 조명을 받았다. 윤지오는 정신감

---

63 「윤중천 김학의 백서−김학의 성폭력 판단 회피한 채… 난데없이 '공수처' 끼워 넣었다」, 〈한국일보〉(2021.04.19.)

정 결과를 공개해 '절대 자살하지 않는다'고 알렸다. 목숨을 위협받고 있다고 주장한 것이다. 경찰이 신변 보호에 나섰고 안민석 등 민주당 의원들이 윤지오를 호위하며 행사장을 돌았다. 청와대 홈페이지 국민청원 게시판에 올라온 '고 장자연 씨 수사기간 연장 및 재수사 청원'에 50만 명 이상이 동의했다.[64] 법무부도 조사단이 활동 기간 연장을 요청하면 18일 오후 심사하겠다고 물러섰다.

2019년 3월 13일, 이규원 검사가 김학의와 소환 일정 조율에 실패하자 조사단원들이 있는 카카오톡 단체대화방에 "어차피 안 나오겠지만 (김학의) 공개소환을 때릴까 검토 중"이라고 글을 남겼다. "연락이 안 닿을 수도 있으니 뉴스로 알려드릴 수밖에요." 그날은 버닝썬 멤버들 단톡방에 "경찰'청'장"이 등장해 검찰의 수사지휘권에서 벗어나고자 하는 경찰이 곤혹스러운 처지가 된 날이기도 했다.

3월 14일 진상조사단은 김학의 전 차관을 3월 15일에 소환 조사할 예정이라고 언론에 공식적으로 알렸다. 이규원 검사는

---

64 윤지오는 장자연이 약물에 취해 성폭행을 당했다고 주장했지만, 대검 진상조사단 조사팀 조사에 의하면, 장자연이 강제로 마약을 투여당해 인사불성이었다고 윤지오가 지목한 날 저녁, 비슷한 시간대에 장자연의 통화 내역이 수십 차례 확인되는 등 객관적 사실과 부합하지 않았다. 2019년 5월 활동을 종료한 진상조사단은 결국 장자연 성추행 혐의를 밝혀내지 못했다.

조사단원 단톡방에 "(김학의 전 차관이) 기습 출석(할 가능성)에 대비 중이고 질문 사항은 다듬고 있다"며 질문자 역할을 할 다른 조사단원에게 "만약을 대비한 것이니 너무 부담 갖지 말라. 진짜 나오면 팔자려니 하라"고 발언한다. "기자들에겐 좀 미안한 감이 있습니다. 김학의가 안 올 것으로 예상되기 때문"이라고도 했다. 공개소환 통보는 실제 조사를 위한 것이 아니라 김학의에 대한 비판 여론을 키워서 조사단 활동을 연장하기 위한 것이었다.

3월 14일 민갑룡 경찰청장은 국회에 출석해 '김학의의 성접대가 육안으로 식별 가능한 동영상을 검찰에 보냈다'고 발언했다. 버닝썬 멤버들의 경찰'총'장 윤규근이 이광철의 지시에 따라 경찰청장을 움직인 것이다. 경찰'총'장 윤규근과 유흥업소 버닝썬의 유착으로 옮겨가던 여론의 관심이 다시 김학의 사건으로 쏠렸다. 〈조선일보〉 일가와 검사 김학의의 성폭행 사건을 무마하고 덮은 검찰의 추악한 과거사를 파헤치는 진상조사단의 활동 기간은 연장되어야 했다.

3월 18일 문재인 대통령이 장자연·김학의·버닝썬 사건의 관련 보고를 받고 검찰의 명운을 걸고 수사하라는 "지시"를 내렸다. "검찰과 경찰 등의 수사기관들이 고의적인 부실수사를 하거나 더 나아가 적극적으로 진실규명을 가로막고 비호·은폐한 정황들이 보인다"고 했다. 경찰과 검찰의 범죄를 사실상 확정한 발언이었다. 문재인 대통령은 "'공소시효가 끝난 일은 그대로 사실 여부를 가리고, 공소시효가 남은 범죄행위가 있다면 반드시 엄정한 사법처리를 해주기 바랍니다'라고 못박았다."[65] 법무부 검찰과거사위원회는 즉시 대검 과거사진상조사단 활동을 두 달간 연장하기로 결정했다.

---

65 「김학의 수사 당부했다는 文, 靑홈피엔 지시 못박았다」, 〈중앙일보〉(2021.05.26.)

3월 18일 JTBC가 최초로 「윤중천 보고서」를 근거로 윤갑근의 윤중천 연루설을 제기했다. 자료는 진상조사단에서 흘러나왔다. 공식보고서로 채택되지도 않았고, 조사단 내부에서도 합의되지 않은 자료였다. 이날 JTBC는 「'김학의 수사' 지휘…'윤갑근도 별장 출입' 진술」이라는 리포트에서 "2013년 김학의 전 차관 사건이 불거지자 경찰은 성접대 장소로 지목된 건설업자 윤(중천) 씨 별장을 압수수색했다"며 "당시 건설업자 윤 씨의 운전기사 박 모 씨는 경찰 조사에서 별장에 왔던 법조인으로 여러 장의 사진을 지목했는데 그중 한 명이 윤갑근 전 고검장이었다"고 보도했다. KBS도 JTBC 보도를 받아 뉴스를 내보냈다. 진상조사단 8팀 내부에서조차 확인하지 못한 내용이 언론에 흘러나가자 팀원들 사이의 갈등은 고조됐다. 박준영 변호사는 자신을 지키기 위해 진상조사단 8팀을 빠져나왔다.

도주범을
잡아라

  독일의사당 방화사건은 "히틀러가 끼어들면서 그 자신이 그동안 빨갱이나 유대인에 대해 말해오던 것에 대한 증거가 되었다."[66] 문재인 대통령이 나서자 김학의 사건도 『검찰을 생각한다』에서 말해오던 '노무현 타살자'들에 대한 확고한 증거가 되었다.

  조사단 활동이 연장되자, 이규원 검사는 김학의가 수사를 피하려고 출국할 수 있으니 조사단이 법무부에 출국금지를 요청하고, 언론에도 김학의를 출국금지할 예정이라고 알리자고 제

---

66 존 톨랜드, 『아돌프 히틀러 결정판 1』(페이퍼로드, 2019), 508쪽, 511쪽.

안했다. 팀 내 다른 C 검사는 반대했다. 김학의 기록을 모두 검토했던 C 검사는 김학의에게 성폭행이나 뇌물 혐의를 적용하기는 어렵다고 봤다. 법무부 검찰과거사위원회가 김학의 사건에 대한 재수사 권고 결정을 한 것은 3월 25일이었기 때문에 김학의는 아직 피의자가 아니었다. 출국금지 대상은 수사가 개시된 '피의자'다. 훈령으로 만들어진 진상조사단은 출국금지 같은 헌법상 거주이전의 자유를 제약하는 강제수사권을 행사할 수 없었다. 이규원은 일단 조사단 차원에서 법무부에 김 전 차관에 대한 출국금지를 요청하자는 제안을 거둬들였다.

3월 19일, 출입국 관리업무를 담당하는 법무부에서는 박상기 장관, 김오수 차관, 윤대진 검찰국장, 이용구(현 법무차관) 법무실장, 차규근 법무부 출입국·외국인 정책본부장이 참석한 '5인회의'에서 '수사 기관 요청이 없는 상황에서 장관의 직권 출금은 어렵다'는 결론을 내렸다.[67]

법무부가 장관 직권 출금이 어렵다는 결정을 내리자 이규원과 차규근이 별도로 움직였다. 19일 이규원은 대검찰청 기획조정부 이응철 검찰 연구원에게 '김학의 출금요청을 대검 명의로 해달라'고 요구했다. 이응철은 '공문을 보내달라'고 했지만, 공

---

67 「이규원 '김학의 출금' 요청하자 대검은 '이규원 파일' 보냈다」, 〈위키리크스한국〉 (2021.01.25.)

문을 보낼 수 없었던 이규원은 여러 차례 전화를 걸어 "법무부와 애기했다"고 거짓말을 했다. 이응철은 추후 문제가 될 소지가 있다고 생각하고 '피의자 신분이 아닌 김학의에게 출금은 불가능하다'는 메신저를 보내면서 이규원과의 이틀간의 대화를 정리한 파일을 보냈다. 그러자 이규원은 전화를 중단했다.

차규근 법무부 출입국·외국인 정책본부장은 법무부 출입국 심사과 공무원들을 통해 2019년 3월 19일 오전부터 같은 달 22일 오후까지 177차례나 김 전 차관의 이름, 생년월일, 출입국 규제 정보 등이 포함된 개인정보 조회 내용을 보고받고 있었다.

2019년 3월 22일 밤 10시 58분쯤, 출입국 관리본부 직원들이 차규근 본부장에게 '김학의 전 차관이 인천공항 출국 심사대를 통과했다'고 보고했다. 차규근 본부장은 박상기 법무부 장관과 연락이 닿지 않자, 허둥지둥 이광철과 이규원을 찾았다. 박상기 법무부 장관 정책보좌관이었던 이종근 검사가 먼저 인천공항으로 급히 출동했다.

밤 11시경 다른 곳에서 술을 마시고 있던 이규원은 이광철과 차규근의 연락을 받고 허겁지겁 대검 진상조사단 명의로 긴급출금 요청서를 작성해서 보냈다. 이규원도 허둥대느라 출입국 관리법령에 따른 긴급출금 양식이 아니라 일반출금 양식 서류를 출력해 손으로 '긴급'이라고 추가해 쓰고, 김학의가 이미 무혐의 처분을 받은 2013년 서울중앙지검 사건번호를 적어서 보냈다.

이규원이 긴급 출금 요청서를 인천공항에 접수한 시각은 3월 23일 0시 8분, 김 전 차관이 타려던 태국 방콕행 항공기 이륙 12분 전이었다. 출입국관리본부 직원들은 미리 출동해서 시끄럽게 떠들어대는 법무부 장관 정책보좌관 이종근 검사의 지시에 따르고 있었다. 출국 금지 요청서가 도착하자마자 차규근이 지시를 내렸다. 지시를 받은 인천공항 출입국본부 직원들이 김학의를 탑승구 인근에서 붙잡았다. 이규원은 허위 긴급 출금 승인요청서를 추가로 작성해 출입국 본부에 보냈다. 이번엔 당시 존재하지도 않았던 서울동부지검 내사 1호 사건번호를 넣은 공문을 사진으로 찍어 출입국본부 직원 휴대전화로 전송했다.

법무부 직원들에 둘러싸여 '도주'에 실패하고 인천공항에서 빠져나오는 김학의 얼굴이 하루 종일 뉴스를 장식했다. 김어준의 〈다스뵈이다〉에 즐겨 출연하는 변호사들은 김학의가 출금할 것을 대비해서 미리 출금 요청서를 작성해놓은 대검 진상조사단의 모 검사가 아니었다면 김학의는 영영 붙잡아 오지 못했을 거라며 모 검사의 유능함을 치켜세웠다.

검찰이 2013년에 뇌물죄 직무 관련성을 적극적으로 판단했다면 김학의를 그때 처벌할 수 있었을지도 모른다. 그러나

2019년에는 공소시효가 지난 뇌물죄로는 처벌이 불가능했고, 특수강간죄로만 처벌이 가능한 상태였다. 대검 진상조사단의 5팀과 8팀에서 기록을 꼼꼼히 검토하고 특수강간으로 처벌할 수 없다고 보고서를 작성했던 C 검사의 의견은 묵살됐다. 법을 엄격히 집행해야 하는 일군의 법률가들이 김학의를 강간범으로 몰아 불법으로 출국금지를 감행했다. 2021년에 이규원과 차규근이 기소되고 김학의의 출금 조치가 허위 공문서와 직권남용이 범벅된 심각한 범죄였다는 사실이 알려져도 집권여당 지지자들은 개의치 않았다. 김학의를 붙잡았고 검찰의 제 식구 감싸기를 밝혔는데, 그게 무슨 대수란 말인가. 김학의는 붙잡았지만, 정작 헌법의 법치주의와 적법절차 원리는 무너졌다.

법무부 검찰과거사위원회는 김학의 사건 재수사를 권고했고, 여환섭 특별수사단은 김학의를 특수강간과 뇌물 등으로 기소했다. 뇌물죄 기소 부분은 윤중천으로부터 받은 13회의 성접대뿐만 아니라 최 모 씨로부터 받은 뇌물 5,900여만 원과 모 저축은행 회장 김 모 씨로부터 받은 뇌물 1억 5,000여만 원도 포함됐다.

제1심 재판부는 김학의에 대한 모든 범죄사실에 무죄를 선고했다. 항소심에서는 김학의가 최 모 씨에게 뇌물을 받았다고 인정하고 2년 6월 징역형 등을 선고한 후 법정 구속시켰다. 대법원은 2021년 6월 10일 최 모 씨가 뇌물 준 사실을 부인하다가 진술을 번복한 것이 "검찰에 소환돼 면담하는 과정에서 수사 기관의 회유나 압박, 답변 유도나 암시 등의 영향을 받아 진술을 바꿨을 가능성을 배제하기 어렵다"고 보고 사건을 다시 재판하라고 서울고등법원에 돌려보냈다.

 법무부 검찰과거사위원회의 김용민 위원이 2019년 5월 29일 '김학의 전 차관 사건' 조사 및 심의 결과를 발표하기 위해 연단에 올랐다. 김용민 위원은 "제2, 제3의 김학의를 구체적으로 거명했다."[68]

 "수사단은 '윤중천 리스트'라 불러도 무방한 윤중천과의 유착 의심 정황이 다분한 한○○ 전 검찰총장, 윤○○ 전 고검장, 박○○ 전 차장검사 등 전·현직 검찰 고위 관계자에 대해 엄중히 수사해 그 진상을 국민께 소상히 설명하고, 위법 또는 부당한 행위가 적발된 관련자들에 대해서는 형사처벌을 위시한 엄정한 조치를 취해야 할 것임."

68 「한상대·윤갑근·박충근 검찰 3인방, '윤중천 리스트'로 지목」, 〈한겨레〉(2019.
   05.29.)

익명 형식이었지만 당시 직책을 명시해서 한상대 전 검찰총
장과 윤갑근 전 고검장, 박충근 전 춘천지검 차장 3명이 윤중천
으로부터 접대를 받았다고 거명하고 그들에 대한 재수사를 권
고한 것이다. 곽상도, 한상대, 윤갑근, 박충근은 모두 재수사에
서 무혐의 처분을 받았다.

2021년 2월 서울중앙지법 제14민사부는 JTBC 기자, 손 앵
커, JTBC 등 피고들이 윤갑근 전 고검장에게 7,000만 원을 배
상해야 한다고 판결했다. 재판부는 불명확한 대화 내용이 특정
언론에 전달돼 보도되는 과정도 적절해 보이지 않고, JTBC가
그 진위를 확인하기 위한 추가적 취재를 하지 않은 채 보도한
것은 "공직자였던 윤갑근에 대한 감시·비판·견제라는 정당한
언론 활동 범위를 벗어나 악의적이거나 심히 경솔한 공격으로
서 현저히 상당성을 잃은 것으로 평가할 수 있다"고 판시했다.[69]

---

69 「검찰, 이규원 검사 JTBC 보도 관여 혐의 조사… 법원 "JTBC, 윤갑근에게 7,000만
   원 배상해야"」, 〈미디어오늘〉(2021.03.29.)

이규원
유학 보내기

김학의가 출금 조치된 이후, 일부 언론을 통해 김학의가 출입국본부 관련자로부터 자신에 대한 출국금지 조치가 아직 이루어지지 않았다는 정보를 사전에 제공받아 출국을 시도한 의혹이 있다는 보도가 나왔다. 법무부는 출입국 직원들이 김학의 전 차관에게 출국 정보를 불법으로 유출한 혐의가 있다며 2019년 4월에 수원지검 안양지청에 수사를 의뢰했다.

법무부 수사의뢰서에는 법무부 감찰 결과 자료가 첨부했다. 출입국 공무원 3명이 불법으로 김학의 출국 정보를 177회 조회한 기록이었다. 수사팀은 그해 4~6월 출입국 공무원들의 휴대폰에 대한 포렌식 결과를 조사했다. 수사팀은 출입국 직원들이 김학의 출국을 금지하기 위해 불법으로 기록을 조회했다는 사실을 발견했다. 대검 진상조사단 이규원 검사가 출금요청서와 승인요청서에 '가짜 사건번호'를 넣은 사실도 파악했다. 수사의뢰는 김학의를 돕기 위해 불법으로 정보를 유출한 혐의였지만, 실상은 김학의 불법 출금 사건이었던 것이다. 수사팀은 출입국 직원들을 소환 조사했고, 이규원 검사에 대한 수사계획도 작성했다. 차규근 본부장 등 출입국관리본부 간부들에 대한 조사도 계획했다.

2019년 6월 미국 연수를 앞두고 있던 이규원은 이광철 선임행정관에게 도움을 요청했다. 이광철은 조국 민정수석에게 "이규원 검사가 곧 유학 갈 예정인데 검찰에서 이규원 검사를 미워하는 것 같다. 이 검사가 수사를 받지 않고 출국할 수 있도록 검찰에 얘기해달라"고 말했다. 조국은 윤대진 당시 법무부 검찰국장에게 내용을 전달했다. 박상기 법무부 장관도 윤대진 국장을 불러서 "내가 시켜서 직원들이 한 일을 조사하면 나까지 조사하겠다는 것이냐. 그리고 검찰이 아직도 그런 방식으로 수사하느냐"고 질책하며 경위 파악을 지시했다. 윤대진 검찰국장은 연수원 25기 동기인 이현철 안양지청장에게 전화를 돌렸다. "김학의 긴급출금은 법무부와 대검찰청의 수뇌부 및 서울동부지검 검사장 승인 아래 이뤄진 일인데 이규원 검사를 문제 삼아 수사하느냐. 이규원 검사가 곧 유학을 가는데 출국에 문제없도록 해 달라."

그러나 서울동부지검장이 김학의 불법출금을 승인했다는 말은 거짓이었다. 문찬석 서울동부지검장은 김학의 불법출금이 이뤄진 직후인 2019년 3월 23일 오전 7시 대검찰청 반부패강력부 부장 이성윤으로부터 이규원 검사가 김학의 출금 서류에 '동부 사건번호를 붙였다'는 '통보'와 함께 이를 추인해 달라는 취지의 연락을 받았다. 문찬석 지검장은 이를 거부했다. 이성윤 대검 반부패부장(현 서울중앙지검장)은 대검 반부패부를 통해 안양지청 수사팀을 압박했다.

수사팀은 2019년 7월 4일 대검 반부패부에 '출금 정보유출 의혹 사건 수사결과' 보고를 올렸다. 수사를 의뢰받은 두 명의 공익법무관 및 자체 조사한 출입국 공무원들의 정보유출 혐의는 없다는 수사결과 보고였다. 대검 반부패부의 수사 중단 요구에 따라 수원고검에 대한 보고도 이뤄지지 못했다. 이규원은 7월 초 미국으로 해외 연수를 떠났다.

로버트 O. 팩스턴의 아래 문장에서 "공산주의자들이나 사회주의자"를 "검찰"로 바꿔놓으면, 한번도 경험해보지 못한 나라, 2019년 이후 대한민국이다.

"공권력이 공산주의자들이나 사회주의자에 대한 직접적 적대행위를 적당히 눈감아주는 곳이라면 어디나 파시즘이 들어설 공간이 열려 있었다. 이 점에서 파시즘의 가장 큰 적은 사법 및 행정상의 엄격한 법 집행이었다."[70]

곽상도 의원은 무혐의 처분을 받은 후 이규원 검사가 대검 진상조사단에서 김학의 사건을 재조사하면서 작성한 「윤중천, 박관천 면담보고서」에 허위사실을 기재해서, 곽상도, 한상대, 윤갑근 등을 재수사하게 한 것은 '청와대발 기획 사정'이라고 주장하며 이규원, 이광철, 조국, 박상기 전 법무부 장관, 민갑룡 전 경찰청장, 문재인 대통령을 검찰에 고소했다. 고소사건의 수사는 지체됐고 2021년 1월 공수처가 출범했다. 공수처법 규정에 따라 검사 이규원 사건은 공수처로 자동이첩됐다. 공수처는 자동이첩 후 70일 만에 이규원 검사사건을 2호 사건으로 지정했다.

공수처는 수사처검사가 인력충원이 되지 않은 상태에서 김학

---

70   로버트 O. 팩스턴, 『파시즘』(교양인, 2005), 201쪽.

의 불법출금 관련 사건을 수원지검에서 이첩받았기에 2021년 3월 재이첩했다. 수원지검 형사3부(이정섭 부장검사)는 이규원과 이성윤을 기소했고, 수사 중에 새로 혐의가 확인된 나머지 검사들은 공수처법의 검사사건 자동이첩 규정에 따라 공수처로 이첩했다. 조국 전 수석, 박상기 전 장관 등 핵심 '윗선'으로 가는 징검다리인 윤대진 전 법무부 검찰국장 사건도 공수처로 이첩됐다.

9장

오보와
은폐

한겨레,
희대의 오보

2019년 10월 11일 00:24, 〈한겨레21〉, 하어영 기자였다. 「"윤석열도 별장에서 수차례 접대" 검찰, '윤중천 진술' 덮었다」는 제목의 기사가 인터넷에 떴다.[71] 〈한겨레〉 신문도 11일 자 신문 1면 톱기사로 인용 보도하면서 확산시켰다. 역사에 기록될 오보였다. 문재인 정부가 검찰개혁을 위해 벌인 정치공작이 검은 가면을 벗고 잠시 그 흉측한 몰골을 드러낸 사건이었다. 내가 이 정부가 검찰개혁에 이용하는 파시즘적 음모론을 간파하기 시작한 출발이었다.

71   「"윤석열도 별장에서 수차례 접대" 검찰, '윤중천 진술' 덮었다」, 〈한겨레〉(2019.10.11.)

〈한겨레21〉 기사는 「윤중천 면담보고서」를 토대로 작성됐다.

"윤석열 검찰총장이 김학의 전 법무부 차관의 스폰서였던 건설업자 윤중천 씨의 별장에 들러 접대를 받았다는 윤 씨의 진술이 나왔으나 추가조사 없이 마무리된 것으로 드러났다. 대검찰청 검찰과거사진상조사단(이하 조사단)은 윤 씨의 이런 진술이 담긴 보고서를 작성해 법무부 검찰과거사위원회를 통해 검찰에 넘겼으나, 당시 서울중앙지검장이던 윤 총장에 대해 기초 사실 조사조차 하지 않은 채 사건을 종결한 것이다. (중략) 윤석열 당시 서울중앙지검장과 관련한 윤 씨의 별장 접대 진술을 받은 조사단은 이후 검찰에 진술보고서 등 자료를 넘겼다. 하지만 공을 넘겨받은 '김학의 전 차관 사건 검찰수사단'(단장 여환섭 청주지검장)은 윤 총장과 윤 씨의 관계, 접대 사실 여부 등에 대한 기초적인 사실 확인 노력조차 하지 않은 채 김학의 사건 재수사를 매듭지었다. 접대가 사실로 확인되면 최소한 도덕적·윤리적 책임을 져야 함에도 과거사위 조사를 넘겨받은 검찰이 수사는 고사하고 내부 감찰도 제대로 하지 않은 것이다. (중략) 지난 5월 29일 과거사위는 재조사 결과를 공식 발표하며 한 전 총장, 윤갑근 전 대구고검장, 박충근 전 춘천지검 차장검사 등을 지목해 검찰 수사를 촉구한 바 있다. 윤석열 당시 서울중앙지검장과 관련한 발표 내용은 없었다. 이후 검찰은 한 전 총장, 윤 전 고검장, 박 전 차장검사 등에 대해서도 제대로 된 수사 없이 사건을 사실상 종결했다."

자정을 갓 넘긴 시간에 올라온 기사로 페이스북은 또 한 번 발칵 뒤집혔다. 하루도 평온한 마음을 유지하기 힘든 시간들이었다. 정신을 차릴 수 없는 상황에서도 흥분하는 페친들의 포스팅에 '이 기사는 오보일 가능성이 높다'고 댓글을 달았다.

잠시만 생각해봐도 상식적인 결론에 도달한다. 윤석열 검찰총장 후보 인사청문회 전에 인사검증을 담당하는 청와대 인사수석실과 민정수석실은 「윤중천 면담보고서」를 확인했을 것이다. 윤석열 후보가 윤중천 별장에서 성접대를 받았다는 사실을 확인하고도 총장 후보로 지명했단 말인가. 윤석열 후보가 윤중천 별장에서 성접대를 받은 게 사실이라면 총장 후보로 지명될 수 없었겠거니와, 설령 그랬다 해도 청와대와 조국은 조국 일가에 대한 검찰 수사 개시 초반에 사실을 흘리든 밝히든 해서 윤석열 총장을 사퇴시키거나 최소한 수사의 힘을 뺄 수 있었다. 더불어민주당 인사들은 조국 일가 수사가 시작될 때부터 "윤석열은 쫓아낸다"는 굳은 결의를 다졌다. 김현 전 의원은 내게 사모펀드 관련 페이스북 포스팅을 내리라고 하면서 "윤석열을 쫓아내야지. 안 쫓아낼거야?"라고 말했었다. 그때까지만 해도 나는 그들 편의 꽤 쓸모 있는 공격수였다. 그런 비장의 카드가 있었다면 조국의 수모와 정권의 위기는 초장에 차단할 수 있었다.

대검찰청은 날이 밝자 즉각 "사실무근이고 허위 음해 보도"라며 강력한 법적 조치를 취하겠다고 발표했다. 윤석열 검찰총장은 "나는 건설업자의 별장을 가고 어울릴 정도로 대충 살지 않았다"고 전면 부인했다고 한다. 윤석열 총장은 그날 즉시 〈한겨레21〉 하어영 기자 등을 고소했다. 현직 총장이 개인 신분으로 기자를 고소한 것은 처음이었다.

여환섭 전 수사단장의 인터뷰도 11일 오후 1시에 〈중앙일보〉 단독으로 보도됐다.[72] 김학의 사건을 재조사해서 김학의와 윤중천을 기소한 대구지검장은 〈한겨레〉가 보도 전에 자신에게 사실 확인을 하지 않았다고 밝혔다. 여환섭 당시 수사단장은 윤중천에게 「윤중천 면담보고서」에 한 줄 적혀 있는 윤석열에 관해 물었더니 "그런 얘기를 한 적이 없다"고 부인했다고 했다.

72 「"윤석열 등장 과거사위 보고서, 서명도 없는 출처불명"」, 〈중앙일보〉(2019.10.11.)

"윤중천의 옛날 전화번호부나 휴대폰, 명함, 수첩 이런 데에
도 윤석열 이름은 아무 데도 없다. 윤 총장을 안다는 흔적이 전
혀 없다. 1차 수사 당시 압수한 윤중천 휴대폰 연락처에 1,000명
가까운 사람의 이름이 있다. 아는 사람이면 다 적혀 있다. 옛날
검찰청 무슨 계장, 여직원, 경찰관, 파출소 순경까지 적혀 있다.
고위경찰관, 군인도 많은데 거기에 '윤석열'은 없었다"는 것이
다. 윤석열 총장에 대한 수사를 진행할 근거가 없었던 것이다.

「윤중천 면담보고서」는 조사단이 윤중천을 앞에 두고 작성한
보고서가 아니라고 했다. "조사 후 윤중천이 떠나고 나서 복기
해 요약해놓은 보고서였다. 녹취도 없고, 보고서에 윤중천의 서
명도 없다. 출처불명이라 내용을 믿기 어렵다."

「윤중천 면담보고서」는 위작僞作이었다.

조국 법무부 장관이 이끄는 법무부의 입장문이 11일 오후에
나왔다. "조국 장관이 민정수석으로 재직할 당시 민정수석실 차
원에서 보도 내용에 대한 점검을 했으나 사실이 아니라고 판단
했다"고 밝혔다.

별장 성접대의 당사자인 윤중천 본인도 다음 날인 12일 자신
의 변호인을 통해 입장문을 배포했다. 윤중천은 "윤석열 총장을
알지 못하고 만난 적이 없으며 원주 별장에 온 적도 없다. 다이

어리나 명함, 휴대폰에도 윤 총장과 관련된 것은 없다"는 것이
다. 대검 진상조사단이 친분이 있는 법조인을 물어보아 몇 명의
검사 출신 인사들을 말했지만, 윤석열 총장에 대해서는 말한 적
이 없는 것으로 기억한다고 했다.

진상조사단 8팀에서 활동한 박준영 변호사도 즉각 대응했다.
박준영 변호사는 페이스북에 "진상조사단의 문제가 이렇게 또
터졌다. 조사단 일부 구성원의 이런 식의 행태에 너무 화가 난
다"고 토로했다.

대검 진상조사단 총괄팀장인 김영희 변호사도 14일 오전
CBS 라디오 〈김현정의 뉴스쇼〉와 인터뷰에 나섰다. 〈한겨레〉
가 대검 진상조사단이 당시 수사기록에 포함된 윤중천의 전화
번호부나 명함이나 다이어리를 검토하면서 윤석열이라는 이름
이 있었다는 것을 확인했다고 보도했지만, 전화번호부나 명함
이나 다이어리에는 (윤석열) 이름이 없었고, 친분 관계가 있다
고 볼 수는 없는 정도였다고 했다.

청와대와
언론

〈한겨레〉의 용맹 무모한 참사는 어쩌면 김의겸 전 기자가 청
와대 대변인으로 갈 때부터 예견된 일들인지도 모르겠다. 〈한
겨레〉는 그 한 달 전 즈음에는 법조팀 기자 강희철의 「'우병우
데자뷰' 조국, 문 정부 5년사에 어떻게 기록될까」라는 칼럼을
출고 4분 만에 삭제한 일로 내홍을 겪기도 했다. 이미 강희철
기자는 대표적인 '친검 기레기'로 찍혀 '양념군단'에게 집중공
격의 대상이었다. 〈한겨레〉 데스크는 칼럼을 삭제해서 조국과
우병우의 비교를 차단했다.

〈한겨레〉에 5월 20일에 게재된 내 칼럼 "〔시론〕 문무일의 전
도된 '검찰권 독립론'"은 〈한겨레〉의 원고 청탁에 의해 쓰였다.

〈한겨레〉는 문무일 총장의 기자간담회에 맞춰 칼럼을 기고해달라는 연락을 해 왔다. 언론사가 외부 필진에게 원고를 청탁할 때 언론사 편집 방향에 맞는 의견을 피력할 사람을 선택하고 주제를 정해서 청탁한다. 내가 다른 언론에서 받은 원고 청탁도 그랬다. 그러나 언론의 필진 섭외가 청와대의 선정에 의한 것이라면 '권언유착'의 비난을 비껴갈 수 있을까.

〈한겨레〉의 원고 청탁 연락은 조국이 내게 "언론에서 인터뷰 또는 기고 요청 들어오면 거절하지 말아주시길!"이라는 문자 메시지를 보낸 후에 왔다. 정부가 자신의 정책을 여론으로 만드는 방식에 문제를 느끼지 않은 것은 아니었으나, 검찰개혁을 돕는다는 자부심이 앞섰다. 어리숙한 변호사의 청부칼럼이었던 셈이다.

〈한겨레21〉하어영 기자가 오보를 내기 5일 전인 주말 10월 6일, 법무부 관용차를 타고 집을 나선 조국은 중구 정동의 한 미술관에서 주진우 기자를 만나 한국화 전시회를 관람했다. 팟캐스트 〈나는 꼼수다〉멤버였던 주진우는 문 정권이 들어선 뒤 MBC 탐사 보도 프로그램에 출연했다. 이명박 정권 시절에 한

9장 오보와 은폐

직으로 떠돌던 MBC 기자들이 모여서 만든 〈탐사기획 스트레이트〉의 기자와 PD를 나도 한상혁 선배의 소개로 만난 적이 있었다. 주진우 기자는 9월 말부터 TBS 교통방송의 새 프로그램을 진행하고 있었다.

주진우는 조국이 사퇴한 다음 날 아침인 10월 15일 TBS 라디오 〈김어준의 뉴스공장〉에 출연해, 최근 부인 정경심이 뇌경색·뇌종양 진단을 받은 것이 조국 사퇴의 이유라고 밝혔다. 조국과 지지자들에게 검찰은 뇌경색·뇌종양 진단을 받은 정경심을 감옥에 보내려는 악마였지만, 정경심은 끝내 뇌경색·뇌종양은커녕 뇌의 이상증세에 관한 어떠한 진단서도 제출하지 못했다.

주진우는 조국이 법무부가 〈한겨레21〉의 윤석열 총장이 윤중천에게서 별장 성접대를 받았다는 기사는 '사실무근'이라는 입장을 내도록 했다고 전했다. "법무부와 청와대 주변에서 다 말렸는데, 전 장관이 직접 나서서 청와대와 법무부를 설득해, '윤 총장이 상관이 없는데 여기에서 이렇게 음해를 당하는 건 맞지 않는 것 같다'고 메시지를 바로 냈다"는 것이다.

조국이 직접 나서서 청와대와 법무부를 설득한 이유가 음해를 막기 위한 선한 의도뿐이었을까. 조국이 민정수석 시절에 인사검증에 실패했다거나 알고도 사실을 덮었다는 의혹까지 덮치면 조국은 사면초가였다. 조국은 여론의 화살이 자신에게 쏠리는 것을 조기에 차단할 필요가 있었다. 그런데 조국이 말한 '입장발표를 말린 법무부와 청와대 주변'은 누구일까. 왜 뻔한 '사실무근'의 허위사실을 바로잡겠다는 조국을 말렸을까.

취재원은
누구인가

〈한겨레21〉에 윤석열 관련 내용을 흘린 사람은 누구일까. 김학의 사건의 비공식 문서인 「윤중천 면담보고서」의 내용과 여환섭 수사단의 김학의 사건 재수사 내용까지 아는 사람은 극히 소수다. 여환섭 수사단, 「윤중천 면담보고서」를 작성한 대검 진상조사단과 보고 받은 법무부 검찰과거사위원회, 그리고 청와대 민정수석실과 관련 부서 정도다. 그중에서 〈한겨레21〉 하어영 기자와 데스크까지 움직일 수 있는 사람, 취재원이 제공한 정보를 여환섭 수사단장에게 교차 확인하는 절차도 없이 기사를 내게 할 수 있는 사람, 단 며칠 만에 오보로 드러날 허위정보를 기사로 내보낼 정치적 필요가 있는 사람. 누굴까.

조국은 어찌 되었든 하루 만에 '사실무근'이라고 입장을 냈다. 「윤중천 면담보고서」를 직접 작성한 사람은 이규원 검사였다. 이규원 검사는 미국 유학 중이었다. 자신은 〈한겨레〉에 정보를 제공하지 않았다고 했다. 이규원 검사가 〈한겨레21〉 하어영 기자를 접촉하고 데스크를 통과시키도록 작업을 한 당사자일까. 이규원 검사가 〈한겨레〉 데스크까지 통제할 수 있는 영향력과 인맥을 가지고 있다 해도, 긴밀한 논의가 필요한 기사 작성 과정을 혼자서 컨트롤했다고 보기에는 무리였다. 윤석열 총장의 별장 성접대 의혹이 허위라는 것은 「윤중천 면담보고서」를 직접 작성한 이규원 자신이 잘 알고 있을 터였다. 윤석열 총장을 향한 악의적인 흑색선전을 감행하려면 〈한겨레〉에 대한 영향력 이상이 필요했다. 치명적일 역풍을 각오할 사활적인 목적. 형사처벌을 각오하고 검사직을 걸 이규원 검사 단독의 사활적인 목적이 있었을까. 이규원 검사를 검색해보았다.

그날에서야 나는 이규원과 이광철의 관계를 파악했다. 그러나 이미 이규원 검사는 2019년 3월 무렵부터 논란의 중심에 서 있었다. 민갑룡 경찰청장의 국회 발언으로 검찰개혁의 열망이 타오르던 시기였다. 그 무렵 대검 진상조사단을 둘러싼 갈등을 뉴스에서 접하긴 했지만, 귓등으로 흘려들었다. 송무 업무로 바빠서 복잡한 검찰과거사위원회 내부 사정을 쫓아갈 만큼 시간을 내기도 힘들었다.

SBS 임찬종 기자는 이미 2019년 4월 10일자 취재파일을 통해 이규원 검사의 대검 진상조사단 파견 경위에 대한 곽상도 의원의 의혹 제기에 대한 상세한 취재내용을 정리해두고 있었다. 임찬종 기자는 조국사태 초반부터 '친검 기레기'로 찍혔다. 자신을 '대깨문'의 '교주'로 자처하는 최 모 변호사는 임찬종 기자 부인에 대한 허위정보를 유포해 '대깨문'에게 집중공격을 하도록 부추겼다. 소위 '좌표'를 찍어 주는 행위였다. 임찬종 기자는 조국사태에서 빛나는 취재파일들을 쏟아 냈다.

나는 이규원 검사를 대검 진상조사단에 투입한 사람이 이광철 행정관이라는 곽상도 의원의 주장이 사실이라고 생각했다. 서울변회 박종우 회장은 자신이 직접 서울변회 공수처 TF팀을 선정했다고 언론에 주장했지만, 서울변회 공수처 TF팀에 나와 김남국 변호사를 투입한 사람은 이광철 행정관이었다. 이광철 또는 조국의 주선이 아니라면 경찰청 본청 수사정책기획단 사람들이 나를 찾아오고 경찰청 내부자료를 보내며 경찰의 입장을 대변해 줄 사람으로 대우할 수 없었다. 비법대 출신인 나는 사법연수원 동기나 교수들 말고는 아는 검사도 없었고, 특히 경찰청에는 아무 연줄이 없었다.

내가 8월경에 페이스북에서 버닝썬과 윤규근을 언급하며 수사의 지체를 강하게 비판하는 포스팅을 올린 그날 즉시 경찰청 본청 수사과장이 직접 전화를 걸어 왔다. 경찰청 수사정책위원회 3기의 임기 중이지만 추가로 여성위원을 위원회 임기 중간에 모시게 되었다는 것이다. 나를 포함한 여성위원 두 명을 추가로 위촉하려고 위원회 규정을 그 전날에 급하게 바꾸기도 했다. 민갑룡 경찰청장 위촉직에 나를 투입시킨 것도 민정수석실의 지시였을 테다. 조국과 이광철이 검찰개혁의 조력자들을 직접 선발하고 관리했던 것이다. 9월 9일 조국이 임명되던 다음 날 내게 긴박하게 전화를 해서 예의 바르지만 거친 압력을 가했던 사람도 이광철이었다.

〈한겨레〉에 「윤중천 면담보고서」의 정보를 제공하고 데스크를 통제할 위력과 사활적이고도 정치적 필요를 가진 사람, 나는 이규원 단독의 필요가 아니라고 생각했다. 김오수 전 법무부 차관과 이성윤 법무부 검찰국장이 9월 9일 조국 임명일에 윤석열 총장을 배제한 특별수사팀을 꾸리자는 제안을 하던 무대 뒤 검은 커튼 뒤에 어른거리던 사람들, 이규원에게 지시할 수 있는 사람, 윤석열을 쫓아낼 사활적 필요를 가진 사람들, 나는 이광철과 조국 두 사람을 떠올리지 않을 수 없었다.

문재인 대통령은 '검경의 명운을 걸고 장자연·김학의·버닝썬 사건을 철저히 수사하라'고 지시하기 전에 「윤중천 면담보고서」 내용을 보고받은 것으로 알려졌다. 청와대 보고자료에 윤석열 당시 서울중앙지검장의 윤중천 별장 성접대 내용도 포함되어 있었을까. 문재인 대통령은 윤석열 총장이 윤중천 별장에서 성접대를 받았다고 보고받고도 검찰총장으로 임명했을까. 상상하기조차 힘든 일이다. 조국과 이광철은 「윤중천 면담보고서」에 기재된 윤석열 접대 내용이 허위라고 판단하고 대통령에게는 보고하지 않았을 것이다. 그렇게 믿고 싶다. 민정수석실이 '사실무근'이라고 확인한 내용이 왜 어떻게 〈한겨레〉에 흘러간 것일까.

이광철과
윤규근

〈한겨레〉 보도 다음 날인 10월 12일, 〈동아일보〉는 윤규근 총경이 3월 14일 민갑룡 경찰청장의 국회 발언 후에 민정수석실 A 씨와 나눈 문자메시지 내용을 보도했다. 경찰이 버닝썬과 윤규근 총경의 유착 의혹을 수사하면서 윤 총경의 휴대전화 메시지를 복원해서 알게 된 내용이었다. 민정수석실에서 검찰개혁 실무를 담당하면서 이런 실행을 할 사람은 이광철밖에 없었다.

대통령민정수석비서관실 관계자가 올해 3월 14일 윤규근 총경(49·수감 중)에게 "검찰과 대립하는 구도를 진작 만들었어야 하는데"라는 내용의 텔레그램 메시지를 보낸 사실이 11일 확인

9장 오보와 은폐

됐다.

서울 강남 클럽 버닝썬과 윤 총경의 유착 의혹을 수사하면서 윤 총경의 휴대전화 메시지를 복원한 경찰에 따르면 윤 총경은 첫 경찰 조사를 하루 앞둔 3월 14일 민정수석실 A 씨에게 기사 링크를 보냈다. 민갑룡 경찰청장이 같은 날 국회에서 건설업자 윤중천 씨(58·수감 중)가 찍은 별장 동영상 속 인물이 김학의 전 법무부 차관(63·수감 중)인지에 대해 "육안으로도 식별할 수 있었다. 많은 문제 제기를 했지만, 명확히 해소가 안 됐다"고 발언한 내용이다. 윤 총경은 기사 링크 뒤에 "이 정도면 되겠죠"라는 메시지를 추가했다.

A 씨는 "더 세게 했어야 했다"면서 "검찰과 (경찰이) 대립하는 구도를 진작 만들었어야 했는데…"라며 아쉬움을 드러냈다. 윤 총경은 사흘 전인 3월 11일에는 A 씨에게 "청와대 근처에서 보자"고 메시지를 보냈고, 이후 실제 만난 것으로 전해졌다.

이 같은 문자메시지가 오간 뒤인 3월 18일 윤 총경은 경찰에 피의자 신분으로 입건됐고, 3월 25일 검찰과거사위원회의 김 전 차관 재수사 권고로 검찰은 김 전 차관 관련 수사단을 구성했다. 버닝썬과 경찰 유착에 쏠려 있던 사회적 관심이 김 전 차관 사건으로 분산된 것이다. 본보는 해명을 듣기 위해 청와대에 근무 중인 A 씨에게 수차례 연락을 했지만, 응답을 하지 않았다. 서울중앙지검 형사3부(부장검사 박승대)는 윤 총경을 이르면 12일 불러 텔레그램 메시지를 주고받은 이유와 경찰의 버닝썬 부실수사 배경 등을 본격적으로 수사할 예정이다. 앞서 경찰은 대규모 수사팀을 투입하고도 윤 총경을 직권남용 혐의로만 기소 의견으로 송치했으나 검찰은 최근 윤 총경의 알선수재 혐의 등을 밝혀내 구속했다.[73]

이광철은 이규원을 대검 진상조사단에 투입했고, 윤규근 총경과 민갑룡 경찰청장의 경찰권력 확대 의지를 활용해 검찰과 경찰의 대립구도를 만들었다. 〈한겨레21〉 하어영 기자를 통해 윤석열을 음해하도록 하는 데에도 직접 연루된 것이 분명해 보였다. 나는 문재인 대통령이 설계한 검찰개혁이 최종 목적지에 도착할 때까지 그 어떤 걸림돌도 격파시키고야 말겠다는 이광철의 충직한 권력의지를 이제는 선명하게 확인할 수 있었다. 이광철에 대한 배신감은 문재인 대통령과 검찰개혁에 대한 그의 충직함에 대한 공포로 바뀌었다.

이명박 정부 시절 청와대에 근무하는 선배가 이명박 정부의 국정원이 작성한 '좌파 100명'의 명단에 내 이름이 있더라고 조

---

73 「靑민정관계자, 윤 총경에 "檢과 대립구도 만들어야"」, 〈동아일보〉(2019.10.12.)

심스럽게 전해주었을 때도 느끼지 못했던 공포심이었다. 박근혜 정부가 채동욱 총장이나 윤석열 검사를 내칠 때도 구차하나마 '혼외자'나 '보고절차 위반'이라는 빌미와 명분은 갖췄다. 일국의 검찰총장에게도 날조된 허위정보로 모략을 꾸밀 만큼 무모한 공격성을 가진 사람 또는 집단이었다. 당시 조국 일가의 사모펀드 실상과 전모를 파악하려고 노력하며 목소리를 내던 진보진영 측 사람은 나와 김경율 회계사 정도가 고작이었다. 나 같이 하찮은 사람 하나쯤 필요하다면 사회적으로 매장하는 건 일도 아닐 것이다.

조국과
윤규근

〈한겨레21〉의 인터넷판 기사가 올라오기 그 두어 시간 전에 윤규근 총경이 구속됐다. 2019년 10월 7일 청구된 윤규근의 구속영장이 10월 10일 진행된 실질심사를 통해 집행된 것이다.

윤규근의 구속 사유 중에 버닝썬과 직접 관련된 범죄사실은 오히려 죄질이 경미했다. 손님들에게 물뽕을 마시게 하고 성폭행을 했다는 의혹이 제기된 버닝썬 사건의 선정적 성격 때문에 거물급 경찰 간부가 연루된 것 아니냐는 의혹이 일었으나 「LA 컨피덴셜」의 롤로토마시가 존재하는 것 같지 않았다. 경찰과 유흥업소의 만연한 유착 그 이상의 무엇이 드러나지 않았다. 윤규근의 버닝썬 관련 혐의는 1심과 2심에서 모두 무죄를 받았

다. 버닝썬 가수 승리의 사업 파트너가 운영하던 '몽키뮤지엄'
의 식품위생법 단속 사실을 경찰관을 통해 확인한 후 알려준 사
실은 맞지만, 경찰관의 직무가 아닌 일을 하게 한 직권남용은
아니라는 취지의 무죄였다. 2심에서는 사실을 알려준 증거인
문자메시지를 인멸했다는 점에 대해서만 유죄가 인정됐다.

　윤규근의 구속영장에는 윤규근이 녹원씨앤아이(옛 큐브스)의
정상훈 대표로부터 주식 1만 주를 받고 정상훈의 경찰 수사 무
마에 관여했다는 특정범죄가중처벌법상 알선수재 혐의가 있었
다. 윤규근이 정상훈의 큐브스 주식을 받고 수사를 무마하고 미
공개정보를 이용해 주식거래를 한 혐의는 1심에서는 무죄였으
나 2021년 5월의 2심에서는 유죄를 받았다.

　조국 인사청문회 당시 야당 의원이 조국과 윤규근이 애월식
당에서 같이 사진을 찍을 때 정상훈이 동석했다는 의혹을 제기
했다. 윤규근과 같이 찍은 사진을 정상훈이 찍어주었느냐는 질
문에 조국은 민정수석실 직원 70여 명이 참석한 회식 자리에서
직원이 찍어준 사진이라고 답변했다. 애월식당 규모는 30명도
들어가기 어려웠다.

　윤규근을 버닝썬 멤버들에게 소개한 사람이 정상훈이다. 정
상훈은 조국펀드 사건에도 등장한다. 정상훈과 윤규근이 조국
일가의 사모펀드와 우국환의 WFM을 연결해준 것으로 알려졌

다. 조국 가족이 실소유주인 코링크PE가 경영권을 인수한 회사가 WFM이다. WFM의 전 소유주 우국환은 정상훈의 큐브스 주식을 사 준 투자자다. 우국환은 코링크PE가 WFM을 인수할 때 53억 원 상당의 주식을 무상으로 넘겼다. 코링크PE가 53억 원 상당의 WFM 지분을 지렛대 삼아서 사채 200억 원 상당을 끌어모아 WFM을 샀다.

정경심은 자산관리인 김경록 PB에게 WFM이 어떤 회사인지 질문했는데, 조국 가족이 블루펀드에 넣은 자금 중 10억 원도 WFM의 인수자금으로 투입됐다. 조범동은 WFM의 회사자금 70억 원을 빼돌려 사채를 갚았다. WFM은 또다시 상상인저축은행으로부터 150억 원 상당의 자금을 끌어오면서 전환사채를 발행했다. 전환사채를 발행해서 끌어온 자금으로 갤러리아포레 상가 6채를 사고, 갤러리아포레를 다시 담보로 제공했다. 담보를 제공하고 발행한 전환사채를 무담보 사채인 양 공시하는 행위는 주주와 채권자의 이익을 침해하는 행위이므로 자본시장법상 부정거래행위로 처벌된다. 조범동은 WFM의 자산 70억 원을 횡령한 행위와 자본시장법상 부정거래행위로 유죄를 받았다.

담보로 제공된 갤러리아포레 상가 6채는 포스링크의 소유였다. 포스링크는 코링크PE가 처음 만든 사모펀드인 레드펀드를 통해 투자했던 회사다. 포스링크는 급조한 페이퍼컴퍼니 엣온파트너스를 통해 상상인저축은행의 자금을 받고, 그 자금으로 WFM의 전환사채를 사주는 방식으로 상상인저축은행에서 온 자금을 WFM에 넣어 준다. WFM은 엣온파트너스를 통해 건너온 상상인저축은행 자금으로 갤러리아포레 상가를 사서 다시 엣온파트너스에게 담보를 제공해준다. 간단하게 말하자면, 코링크PE가 레드펀드로 소유하던 포스링크의 자산이었던 갤러리아포레 상가를 WFM으로 돌려서 담보로 제공한 것이다.

보수언론인 정규재는 갤러리아포레 상가에는 WFM, 포스링크 등이 입주해 있는데, "임종석이 조국펀드 관계사들이 모여있는 갤러리아포레를 방문했다는 증언도 있다"고 전하면서 임종석이 11월에 돌연 정계은퇴를 선언한 이유를 짐작했다.[74]

74   [정규재의 직언직설] 「임종석의 돌연한 퇴장에 대한 믿거나 말거나의 해석」, 〈팬앤드마이크〉(2019.11.18.)

민정수석실 회식 자리였다는 애월식당에서 조국이 윤규근과 사진을 찍던 자리에는 임종석도 참석했다. 비서실장의 지위로 참석했을 수 있으나, 9월 6일 인사청문회에서 애월 식당의 사진이 공개되고 곧이어 임종석의 사진도 공개되자 보수언론은 임종석이 조국펀드와 관련 있다는 의혹을 줄기차게 제기했고, 임종석은 돌연 정계은퇴 선언했다.

WFM의 명목상 대표 김병혁은 정상훈의 큐브스에서 근무한 경력이 있었다. 김병혁은 조국의 5촌 조카 조범동 재판에 출석해서, 조범동이 "집안에 어른(조국 민정수석)이 계신데, 내년까지는 시끄러운 일 하지 말라고 한다"고 해서 자신이 WFM의 명목상 대표이사를 맡았다고 증언했다. WFM의 실질 경영자 조범동은 정경심에게 2018년 12월부터 2019년 6월까지 매월 200만 원씩 영어 자문료를 지급했다. 김병혁은 "괜히 민정수석 부인이 이런 곳에 나와서 나중에 문제가 생길 텐데"라는 생각도 들었다고 했다.[75]

75 「조범동 "조국이 만류해 코링크PE대표 안했다"」,〈뉴데일리〉(2020.03.23.)

윤규근의 구속으로 정상훈과 WFM 김병혁의 관계가 언론에 오르내리면, 조국이 자기 가족은 사모펀드 운영에 관여한 바 없다는 거짓말이 다시 언론의 조명을 받을 수 있었다. 윤규근은 문 대통령의 측근이라는 우리들병원과 관련한 의혹이나 대통령 딸의 동남아 이민과 관련한 의혹에도 빠짐없이 등장하는 인물이었다.

윤규근 총경이 버닝썬 단톡방에 등장한다는 보도가 나가자 3월 14일 민갑룡 경찰청장이 김학의 사건을 부상시킨 것은 이광철이 검찰과 검찰을 대립하는 구도를 만들기 위한 기획이었다는 사실이 일견 드러났다. 10월 7일 청구된 윤규근의 구속영장이 발부되고 난 후, 세 시간여 후에 터져 나온 〈한겨레21〉 대형 오보의 시간적 근접성이, 이광철 또는 다른 누군가의 기획이라는 증거는 현재로서는 없다. 진위를 밝힐 징검다리인 이규원의 허위공문서 작성 등 관련 수사는 현재 공수처에서 진행 중이다.

〈한겨레21〉의 대형 오보로 윤석열과 함께 김학의와 윤중천까지 여론재판장에 다시 끌려 나왔다. 언론은 온통 윤석열과 김학의와 윤중천으로 도배됐다. 김학의 사건과 「윤중천 면담보고서」는 윤규근과 관련된 의혹을 덮는 성능 좋은 무기 저장고 같았다.

윤석열을 향한 미사일급 무기로 덮으려고 한 것이 윤규근과 버닝썬 사건이라면 무기의 비례성에 어긋났다. 게다가 민정수석실은 〈한겨레21〉의 발사대가 쏘아 올린 미사일 사정거리가 윤석열을 타격하지 못한다는 것을 알고 있었다. 미사일의 탄두에는 윤석열을 잡을 폭약이 실리지도 않았다. 윤석열을 향해 날아가는 듯했던 미사일이 상공에서 굉음을 내며 폭발했다. 탄두에 실렸던 매캐하고 자욱한 연막 가스가 하늘을 검게 뒤덮었다. 윤석열이 윤중천 별장에서 성접대를 받고 있는 그림이 그려진 삐라가 우박처럼 쏟아졌다. 사람들이 윤석열을 몰아낼 삐라를 잡느라고 사방에서 아우성을 쳤다. 그 틈에 윤규근과 정상훈과 조국 사모펀드, 그리고 이광철과 이규원이 대검 진상조사단 시기에 저지른 불법들이 홀연 자취를 감췄다.

사퇴와
재판

2019년 10월 14일. 조국 장관은 정기국회가 법무부에 대한 국정감사를 하기 직전에 사퇴했다. 인사청문회와는 달리 국정 감사는 증인 자격으로 출석한다. 국회 출석해 선서한 증인의 허위진술은 위증죄로 처벌할 수 있다. 그러나 국정감사 일정은 이미 잡혀 있었다. 인사청문회처럼 아내와 부인이 그렇게 말했다고 비껴가면 피하지 못할 바도 아니었다. 조국이 그 전날까지도 검찰개혁의 의지를 불태운 것을 보면 사퇴의 이유가 위증의 처벌을 피하기 위한 것만은 아니라는 의견도 분분했다.

조국의 사퇴 입장문은 짧은 임기 동안 11가지 신속추진 검찰개혁 과제를 발표했다는 자신의 성과를 먼저 강조했다. 검찰개혁의 성공적 완수가 가능하려면 "더는 제 가족 일로 대통령님과 정부에 부담을 드려서는 안 된다고 판단했다"라고 했다. 조국은 온 가족이 만신창이가 되어 힘들고 고통스러웠지만 수많은 시민의 응원으로 버틸 수 있었다고 지지자들에 대한 감사를 잊지 않았고, 자신의 "검찰개혁의 불쏘시개 역할은 여기까지"라고 밝혔다. 그는 검찰개혁의 순교자를 자처했다. 그러나 그는 문재인 정부를 무너뜨리는 싱크홀이었다.

검찰은 10월 4일 사건 관계인이 검찰청에 조사받으러 나오는 시기와 장소를 언론에 공개해 포토라인에 서도록 하는 '공개소환' 제도를 전면폐지하기로 했다. 조국 법무부 장관 부인 정경심 교수의 비공개 소환을 두고 '특혜' 아니냐는 논란이 제기된 상황에서 밝힌 검찰개혁 방안이다.

정경심 교수는 검찰에 6회 출석하는 동안 포토라인에 서지 않았다. 검찰과 사전조율로 검찰이 출입하는 주차장으로 들어가 조사를 받는 등의 특혜를 제공받기도 했다. 정경심의 얼굴이 대중에 공개된 것은 10월 23일 구속영장 실질심사 조사를 위해 법원에 출석한 날이었다. 다음 날 새벽 법원은 혐의가 소명됐고 증거인멸의 우려가 있다고 판단해 구속영장을 발부했다. 수사 58일 만에 정경심이 구속되었다.

서울중앙지검 반부패수사 2부(고형곤 부장검사)는 2019년 12

월 31일 오전 조국을 불구속 기소했다. 조국에게는 11개의 죄명이 적용됐다. 뇌물수수와 부정청탁금지법·공직자윤리법 위반, 위계공무집행방해·업무방해·위조공문서행사·허위작성공문서행사·사문서위조·위조사문서행사·증거위조교사·증거은닉교사 등이다.

조민이 부산대 의학전문대학원에서 받은 장학금은 조국 당시 민정수석이 노환중 부산의전원 원장이 근무하던 양산부산대병원 운영과 부산대병원장 등 고위직 진출에 영향력을 행사할 수 있는 자리에 있었기에 직무 관련성 대가성을 인정할 수 있다고 본 것이다.

딸 조민의 서울대 공익인권법센터 인턴활동 예정 증명서를 허위로 발급한 혐의 이외에 아들과 관련한 입시비리 관여도 포함됐다. 공소장에 따르면 조국은 2017년 10~11월 아들의 고려대·연세대 대학원 입시에 법무법인 청맥의 최강욱 변호사가 '2017년 1월부터 10월 중순까지 매주 2회에 걸쳐 총 16시간 동안 변호사 업무를 배우고 영문 번역을 하는 등의 인턴 업무를 수행했다'라고 발급해 준 인턴활동 증명서를 제출했다. 조국이 이듬해 아들의 2018년 10월 충북대 법학전문대학원 입시에 제출하기 위해 2017년에 최강욱이 발급해 준 인턴활동 증명서를 직접 위조한 혐의도 포함됐다. 인턴활동 기간을 '2017년 1월 10

일~2018년 2월 28일 주당 8시간씩 46주간 총 368시간 활동했다'라는 내용으로 바꿔 직접 위조한 혐의다.

2018년에 대통령비서실 민정수석실 공직기강비서관으로 임명되었다가 열린민주당 대표가 된 최강욱은 2021년 1월 28일 위계에 의한 업무방해죄로 징역 8개월, 집행유예 2년을 선고받았다. 법원은 2018년 인턴활동 증명서는 최강욱이 위조하지 않았다고 판단했다.

조국은 아들의 미국 조지워싱턴대 시험을 대신 풀어준 사실도 파악됐다. 정대화 상지대 총장 등이 오픈북이라고 방어를 해서 빈축을 샀던 그 혐의다. 아들은 A 학점을 받아 장학금을 받았는데, 국내 대학원 입시에 제출한 허위 서류에는 조지워싱턴대 장학증명서도 포함됐다.

코링크PE에 8억 원 상당 주식을 차명 투자하고 채권으로 신고한 것은 공직자윤리법상 백지신탁 거부죄와 허위신고에 의한 위계에 의한 업무방해 혐의가 적용됐다. 조국의 계좌에서 WFM 주식매입 자금이 빠져나간 정황도 위 혐의가 적용됐다.

2020년 12월 23일, 정경심의 제1심 재판부는 징역 4년, 벌금

5억 원, 추징금 1억 4,000만 원을 선고하고 보석으로 풀려났던 정경심을 법정구속했다. 조민의 7대 허위 스펙 모두를 유죄로 인정했다. 사모펀드에서도 미공개정보이용과 불법수익은닉, 금융실명법 위반 및 증거인멸 등을 유죄로 인정했다.

조국의 딸 조민은 2009년 고려대 입시 전형에서 한영외고 재학 중 받은 '단국대 의과학연구소 인턴 관련 논문' 등과 함께 '서울대 법대 공익인권법센터 인턴 증명서'를 함께 제출해 합격했다. 부산대의전원은 대학 총장 상장을 입시전형점수에 가산했는데 조민은 동양대 총장의 표창장을 위조한 서류를 제출해 합격했다.

정경심은 인턴활동을 하지 않은 조민을 △단국대 장영표 교수의 논문에 제1저자로 등재시키고 △공주대 연구소 논문초록 제3저자로 등재시키고 △서울대 로스쿨 공익인권법센터 인턴활동을 조작하고 △아쿠아팰리스호텔 인턴활동도 조작하고 △KIST 자원봉사·인턴 경력도 조작하고 △동양대 총장 표창장도 조작했다는 검찰의 공소사실을 모두 인정하고, 위계로 대학 입학사정 업무를 방해했다고 판시했다.

재판부는 장 교수의 논문 제1저자 등재에 대해서 "딸 조씨는 장 교수의 논문 관련 연구원으로 활동하지 않았고 논문 작성에 아무런 기여도 하지 않았다"고 지적했다. 재판부는 "조씨가 단국대 체험활동을 시작할 무렵 정 교수와 장 교수 사이에 조씨를 논문 저자로 등재해준다는 약속이 있었다"고 판단했다. 단국대 장영표 교수의 아들 장 모(29) 씨는 정경심 재판의 2020년 5월 기일에 증인으로 출석해서 "제가 조민 씨와 같이 공익인권법센터 인턴 증명서를 받았지만, 이는 참으로 완전한 거짓"이라며 "인턴 기간 마지막 날인 2009년 5월 15일 서울대 공익인권법센터 학술 세미나에 참석한 게 전부였고, 조민 씨는 세미나에 참석하지 않았었다"고 진술했다. 재판부는 "딸 조씨는 서울대 공익인권법센터 세미나에 참석한 사실이 없으며 뒷풀이에 참석하기 위해 세미나에 온 것으로 판단"했다. 공익인권법센터 사무국장 김 모 씨가 증인으로 나와 조민이 세미나에 참석했다고 증언했으나, 재판부는 김 모 씨가 동영상 속 여성의 옆모습만 보고 10년 전에 본 적 있는 조민이라고 한 진술은 믿을 수 없고, 조민이 긴 머리에 뿔테 안경을 쓰고 세미나에 참석했다고 했지만, 당시 조민은 단발머리로 확인되어 그 말도 믿을 수 없다고 했다.

　재판부는 조국이 직접 조민의 인턴십 확인서를 공익인권법센터 직원 등의 도움을 받아 위조했다고 판단했다. 9월 23일 조국이 자택 압수수색을 하는 검찰에게 배려해 달라고 전화를 하고, 출근길을 기다리던 기자들 앞에서 "(어제) 서울대 공익인권법센터 인턴십 관련 서류를 제가 만들었다는 보도는 정말 악의적입

니다. 법적 조치를 취할 것을 심각하게 고민하고 있습니다"라고
했던 말은 모두 거짓이었다.

재판부가 조국이 직접 위조했다고 인정한 것은 공익인권법센
터 인턴십 확인서 말고도 하나 더 있었다. 조민이 한영외고 1학
년이었던 2007년 6월부터 2009년 9월까지 3년간 부산 아쿠아
팰리스 호텔에서 인턴을 했다는 내용의 인턴십 확인서 워드 파
일이 조국의 서울대 교수 사무실에서 수정되었던 것이다.

재판부는 정경심이 동양대 표창장을 어떻게 위조했는지도 상
세히 설시했다. 또한 재판부는 동양대 총장 명의 표창장은 조민
이 입학원서와 자기소개서에 동양대 총장 표창장을 기재하지
않았다면 서류평가에서 낮은 점수를 받아 1단계 탈락했을 가능
성이 있고 2단계 인성에서도 높은 점수를 받지 못해 최종합격
하지 못했을 가능성이 크다고 했다.

조국 일가의 사모펀드 관련 혐의는 정경심 재판보다 6개월
앞서서 판결이 선고된 조범동 재판에서 그 전모가 드러났다. 조
범동은 2심에서도 1심과 동일하게 징역 4년 및 벌금 5,000만
원을 선고받았다.

사모펀드는 펀드 운용사인 코링크PE와 운용사가 운용한 펀
드(4개, 레드펀드, 블루펀드, 그린펀드, 배터리펀드), 그리고 각 펀
드가 투자한 피투자사(레드펀드→익성과 포스링크. 블루펀드→웰

스씨앤티와 IFM, 배터리펀드→WFM)를 총칭한다. 조국과 지지자들은 검찰이 사냥하듯 70개의 압수수색을 벌여 조국 일가가 '멸문지화'를 겪게 했다고 증오했지만, 허위 인턴십 확인서와 연루된 관련 장소, 웅동학원 관련자들, 사모펀드 관련사와 관계자들이 그만큼 많았다.

조국 가족은 사모펀드 운용사 코링크PE에 조국 계좌의 8,500만 원을 포함해 10억 원을 정광보 명의로 차명 투자했다. 코링크PE에서 정경심이 컨설팅을 하지 않고 컨설팅비를 받아 착복했다는 횡령죄 공소사실은 무죄로 판시됐다. 컨설팅비의 실질이 투자에 대한 수익이기 때문이다. 조국은 공직자윤리위원회에 재산신고를 할 때 정광보와 처조카 이은경에게 10억 원을 대여한 것이라고 하였으나, 재판부는 10억 원의 실질이 대여가 아니라 투자라고 인정한 것이다. 이 10억 원 차명 투자의 유무죄 여부는 조국의 재판에서 가려진다. 차명 투자한 10억 원 상당의 코링크PE 주식을 대여라고 허위신고하여 공직자윤리위원회의 업무를 위계로 방해한 위계공무집행방해죄인지, 주식을 채권이라고 속여서 공직자윤리법 상의 백지신탁 거부죄에 해당하는지가 법적 쟁점이다.

조국 부부가 WFM에 차명 투자한 것은 정경심의 재판에서 유죄가 선고됐다. 조국 일가가 실소유주인 코링크PE가 WFM

의 경영권을 인수했다. 조국 일가가 투입한 블루펀드 자금 중 10억 원도 WFM를 사는 데 사용했다. 정경심은 코링크PE를 운영하는 5촌 조카 조범동에게서 WFM의 호재성 내부정보를 듣고, 그때마다 미용실 원장, 조국 팬클럽 회장 등의 차명으로 WFM 주식을 샀고 일부는 다시 내다 팔아서 시세차익을 챙겼다. 자본시장법상의 미공개정보이용과 불법수익은닉, 금융실명법 위반 등의 죄를 범했다.

WFM의 우국환 사장이 코링크PE에 경영권을 넘기면서 53억 원 상당의 주식을 무상수증한 것은 검찰이 직무 관련성 입증이 어려워서 뇌물죄로 기소하지 못했다. 한동훈 검사는 "뇌물죄로 기소하진 않았지만, 당시 이 사람들이 받은 특혜성 투자 기회의 성격도 논란 소지가 있다"고 말했다. 코링크PE가 WFM을 살 때 자금이 거의 없었다. 코링크PE에 들어간 조국일가 자금 10억과 블루펀드에 넣은 14억 원이 이들이 가진 자금의 전부였다. 마음 후한 우국환이 53억 상당 주식을 무상으로 줬어도, 코링크PE는 WFM 인수대금 중 200억 원 상당을 어디서라도 끌어와야 했다. 일단 사채를 끌어와서 회사를 샀다. 정경심의 증거인멸을 도운 자산관리인 김경록 PB는 KBS와의 인터뷰에서 정경심이 WFM이 어떤 회사인지 자세히 물어보더라고 말했다. 자신들이 코링크PE와 블루펀드에 투입된 자금을 모두 들여서 경영권을 인수할 회사였으니 알아보았을 것이다. 회사를 사채 끌어다 샀으니, 사채를 갚으려면 회사 자산을 빼돌려야 했다. 조범동은 WFM의 자산 70억 원가량을 빼돌려 사채도 갚고 차량 벤츠도 샀지만, 200억 원 자산가치의 회삿돈을 모두 빼서 사채 갚는 일에 쓸 수는 없었다.

코링크가 WFM을 인수하고 일년 후 즈음에 상상인저축은행이 등장해 자금을 빌려줬다. 상상인저축은행 입장에서는 사채업자에서 증권회사로 탈바꿈하려던 시도가 금융감독원이 대주주적격심사를 통과시키지 않아서 막혀 있던 차에 코링크PE가 나타났다. 공교롭게도 상상인저축은행이 WFM에 자금을 댄 후 증권회사를 인수할 수 있다는 금융위원회 승인이 떨어졌다. 상상인저축은행은 코링크PE가 최초로 만든 레드펀드가 투자한 포스링크에도 주식·전환사채에 수차례 담보대출하며 자금을 지원한 바 있었다. 조국은 상상인저축은행 대표 유준원을 몰랐다고 했지만, 상상인저축은행은 코링크PE가 운용하던 레드펀드 시절부터 코링크PE를 잘 알고 있었다.

상상인저축은행이 WFM에 투입한 자금 150억 원은 포스링크 전 부사장 민 모 씨가 개입했다. 상상인저축은행은 민 모 씨는 급조한 페이퍼컴퍼니 엣온파트너스에 150억 원을 대여하고, 엣온파트너스는 상상인저축은행에서 받은 150억 원을 WFM의

전환사채를 사주는 대금으로 넘겼다. WFM은 150억 원으로 포스링크가 소유하던 갤러리아포레 상가 6채를 매입해서 다시 옛 온파트너스에 담보로 제공했다. 조범동은 WFM이 담보부 전환사채 발행임에도 무담보로 전환사채 발행했다고 허위공시한 행위로 자본시장법상의 부정거래행위로 처벌받았다. WFM과 관련한 공소사실 중 70억 원의 횡령죄로도 유죄가 선고됐다.

검찰은 2019년 11월 상상인저축은행 유준원 대표에 대한 수사를 확대했다. 추미애 법무부 장관은 2020년 1월 취임하자마자 증권범죄수사를 전담하는 서울 남부지검의 증권범죄합동수사단을 폐지했다.

이성윤 서울중앙지검장 산하의 반부패수사 1부는 2020년 7월 9일 유준원 상상인 그룹 대표와 검사 출신 박수종 변호사를 자본시장법상의 부정거래 등 혐의로 구속기소했다. WFM에 불법대출한 혐의도 포함되었다. 검찰 관계자는 유준원은 골든브릿지증권 인수 등 사세를 확정하는 과정에서 문제가 됐던 대주주적격성심사에 편의를 기대하고 WFM에 뇌물을 제공한 의혹과는 무관하다고 판단했다.

나가며

무법의 폭력 앞에서

파시즘을 점점 진화하는 운동으로 이해하는 팩스턴은 파시즘을 5단계로 구분한다. 파시즘은 (1)대중정치를 기반으로 탄생해서, (2)기존의 보수 엘리트가 효과적으로 대응하지 못하는 틈을 타 정치적 공간을 만들어서 뿌리를 내리고, (3)보수 엘리트와 제휴해서 권력을 장악한 후, (4)집권 후에는 이중국가dual state를 통해 권력을 행사하고, (5)점차 급진화하거나 정상화한다.

로버트 O. 팩스턴은 파시즘이 권력을 장악한 후 권력을 행사하는 4단계의 핵심적 특징을 '이중국가' 모델이라고 보았다. 이중국가는 표준국가와 특권국가로 구성된다. 표준국가는 합법적으로 구성된 정부 당국과 기존의 관료 조직이다. 특권국가는 파시스트당 혹은 나치당 내부에 존재하던 동형의 조직들이었다. 관료적 기준에 따라 임명이나 승진이 이뤄졌던 표준국가와 달리 "특권국가는 지배자의 변덕이나 당 활동가에 대한 보상 또는 '선택된 민족'에게 예정되어 있다고 가정된 '운명' 외에는 특별한 규칙이 없었다."[76]

1933년에 수권법을 통과시킨 직후 괴링이 4월에 창설한 게슈타포가 대표적인 동형 조직이다. "나치당이 정권을 장악한 뒤, 동형 조직은 군대와 외무부를 비롯한 여러 국가기관들의 기능을 강탈하려고 위협하는 존재가 되었다. 별도의 불길한 과정을 거쳐, 국가 경찰은 독일 국가 조직인 내무부에서 떨어져 나와 광적인 나치 간부 하임리히 힘러가 이끄는 악명 높은 게슈타포로 조금씩 집중되었다. 이미 알려진 바와 같이, 당 동형 조직에 의한 기존의 권력 기구 복제는 파시즘 체제 특유의 '무정형성'과 지휘 계통상의 혼선을 낳는 주요한 원인이다. 이런 성격은 파시즘 통치를 군사독재나 권위주의 통치와 구분하는 특징이 되었다."

76 로버트 O. 팩스턴, 『파시즘』(교양인, 2005), 278쪽.

나치 정권과 소련 스탈린 정권이 법보다 역사의 요청을 우선
시했고 법치국가의 폐기와 적법절차의 거부를 공통점으로 지니
고 있지만, 전체주의 소련 체제에는 당 동형 조직과 기존 엘리
트층이 지도자의 총애를 받기 위해 벌였던 경쟁이 없었다. 전통
적인 군사독재에서는 히틀러가 허용했듯이 지도자의 용인 아래
당 아마추어에 불과한 당 내부와 외곽 활동가들이 군사영역이
나 경찰 조직으로 침입하는 일은 없었다.[77]

  팩스턴은 파시즘 정권을 무조건 지지하는 시민사회, 열혈 당
투사들이 급진적 정책을 요구하는 파시즘 정당과 동형 조직, 직
업공무원으로 이루어진 국가 기구, 이들을 때로는 협력하고 때
로는 경쟁하게 하는 파시즘 지도자, 이 네 가지 요소가 파시즘
체제를 열렬한 행동주의와 무정형성이 뒤섞인 특징을 띠게 한
다고 했다. 이탈리아 파시즘 정권은 국가 기구의 기능을 전면적
으로 강탈하는 데까지 치닫지 않으면서 보수적 권위주의 통치
로 후퇴한 반면, 독일은 당과 동형 조직이 전권을 휘두르는 급
진화 방향으로 나아갔다. 여러 세력의 끊임없는 주도권 쟁탈 투
쟁은 헌법상의 규제와 법에 의한 통치가 무너지고 사회진화론
이 대세를 장악하면서 더욱 격렬해졌다.

77 『파시즘』 로버트 O. 팩스턴(교양인, 2005). 285쪽 등 참조

문 대통령은 2019년 11월 8일 반부패 정책협의회를 주재했다. 윤석열 총장도 참석했다. 문재인 대통령은 "검찰이 스스로 개혁의 주체라는 인식을 가지고 적극적으로 개혁에 나서는 것을 다행스럽게 생각한다"고 말했다. 회의를 마치고 문재인 대통령은 김오수 법무부 차관과 이성윤 검찰국장, 황희석 당시 법무부 검찰개혁추진단장을 청와대 집무실로 불러 검찰개혁 관련 업무를 보고받았다. 윤석열 총장은 배제했다. 문재인 대통령이 윤 총장을 배제한 함의는 분명해 보였다. 조국 일가 등 정권 핵심부 수사를 중단하라는 것이었다.

2019년 11월 14일 법무부는 중앙지검 반부패수사부 4곳 중 2곳을 추가로 폐지하는 것뿐만 아니라 남부지검 금융조사부, 일부 검찰청의 공공수사부·강력부·외사부 전체 등 직접수사가 가능한 부서 37곳을 폐지하는 방안을 검토 중이라고 밝혔다. 연내로 검찰의 직접수사 부서 41개(기존 폐지 4개 포함)를 폐지하겠다는 것이다. 애초에 정부는 검경수사권 조정안이 통과된 후, 경찰을 국가수사본부로 정비하여 전문수사능력을 강화한 후 검찰 직접수사권을 점차 이양시키겠다는 계획이었다. 폐지 대상에는 수사 전문성 제고를 위해 비교적 최근에 설치된 부서도 포함됐다. 서울중앙지검 공정거래조사부·조세범죄조사부·방위사업수사부·범죄수익환수부와 수원지검 산업기술범죄수사부 등이다.

검찰의 전문 수사 역량을 대체할 경찰의 조직과 경험이 준비되지 않은 상태에서, 경찰에 불기소결정권을 부여하고 경찰에 대한 검찰의 수사지휘권도 없애는 검경수사권 조정안이 통과되면, 그리고 공수처가 출범하면 그 결과가 어찌 될 것인가. 이 검찰개혁의 이름으로 자행되는 일련의 흐름은 로버트 O. 팩스턴이 말한 동형 조직들이 국가권력을 강탈하는 과정인 걸까.

나는 검경수사권 조정안이나 공수처법의 법률 자체에 내재한 공수처의 친위 사정기관화의 우려를 넘어 이 법을 밀어붙이려는 의도에 짙은 의심을 품지 않을 수 없었다. 그러나 '검찰개혁'의 정당성은 모든 의심에 재갈을 물렸다.

2019년 겨울, 나는 이 정권을 포기했다. 이 제어하기 힘든 태풍의 자장에서 벗어나고 싶었다. 힘겨웠던 건 변절자라는 돌팔매질이 아니었다. 살아온 삶의 모든 정당성과 기반이 부정당하고 허물어지는 기분이었지만 내가 할 수 있는 일은 없었다. 조금이라도 위험을 막고 싶던 무모한 노력을 멈추기로 했다. 한동안 가쁘게 요동치던 마음이 차츰 가라앉고 잦아들었다.

'이 정권은 아직 하고 픈 일을 시작도 하지 않았다. 곧 이 정권의 자기 파괴적 특징이 드러날 것이다. 그리고 이 사태를 악과 선의 싸움으로, 적폐와 개혁의 싸움으로 프레임 짜고 싸웠던 이 정권이 파괴한 것이 무엇인지 드러날 것이다. 그 끝에서 사람들도 알아차리기 시작할 것이다.' 그렇게 마음을 다스리는 수밖에 달리 방도를 찾을 수 없었다.

예상대로 2020년은 2019년을 압도했다. 무법자들이 '선출된 권력'의 굴욕과 쇠퇴의 두려움을 상쇄하려는 광폭한 에너지로 상식과 공정과 법치를 가차없이 허물며 폭주했다.